以一份**真实的财报**为案例

手把手教你读财报

财报是用来排除企业的

唐 朝◎著

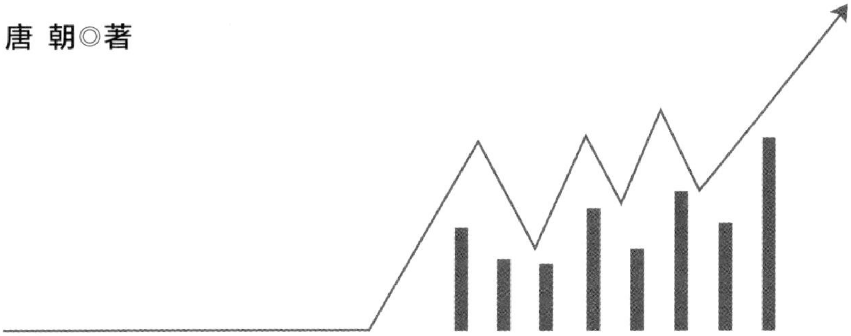

中国经济出版社
CHINA ECONOMIC PUBLISHING HOUSE
北 京

图书在版编目（CIP）数据

手把手教你读财报／唐朝著.
北京：中国经济出版社，2015.1（2021.1重印）
ISBN 978-7-5136-3612-4
Ⅰ.①手… Ⅱ.①唐… Ⅲ.①会计报表—基本知识 Ⅳ.①F231.5
中国版本图书馆CIP数据核字（2014）第291459号

责任编辑 燕丽丽
责任审读 贺 静
责任印制 巢新强
封面设计 任燕飞

出版发行 中国经济出版社
印 刷 者 北京力信诚印刷有限公司
经 销 者 各地新华书店
开 本 710mm×1000mm 1/16
印 张 18.5
字 数 210千字
版 次 2015年1月第1版
印 次 2021年1月第27次
定 价 49.00元
广告经营许可证 京西工商广字第8179号

中国经济出版社 **网址** www.economyph.com **社址** 北京市东城区安定门外大街58号 **邮编** 100011
本版图书如存在印装质量问题，请与本社销售中心联系调换（联系电话：010-57512564）

序

财报是用来证伪的

“财报是用来证伪的，不是用来证实的。”

前段时间在探讨某只股票过程中，听到老唐说这句话，让我有一种如逢旧友的感觉。几年前，我曾打算组织一个证伪之维俱乐部，对各种假报表进行群策群力的证伪。后来，行情下跌，人气涣散，不少朋友赔得不想再看股票，这个计划也就无疾而终。但我惊奇地发现，财报作假的行为同样也大为减少。大概是因为市场低迷，傻子太少，都不够骗子分，作假做得再漂亮，也没人看，所以，财报中虚增利润的行为大为减少，水分挤得很干。

但是，我们绝不能低估骗子们坚韧不拔的毅力，只要有行情，他们就会跳出来，各种靓丽财报反复上演“阳光灿烂的日子”，结果却是“一地鸡毛”“后会无期”。

所以，我觉得交易者可以不懂股票走势图，但绝对不能不懂财务数据。很多时候，哪怕是只懂一点点，交易的幸运值就会高那么一点点。别小看这一点点差异，在交易市场经常会遇到各种左右为难的决断，有时候，就是一点点的心理差别，导致不同的选择，从而救我们于万劫不复之中。

老唐在他的书中举过几个著名的骗子公司的案例。他比较客气，没有说具体名字。但我一看就知道，其中一家就是十几年前的东方电子。当时可是著名的高成长绩优牛股，我也曾交易过这只股票，并长线持有不肯放手。好在后来我也算是初通了点财务知识，虽然当时还是搞不懂它是怎么作假的，但至少能看懂一些质疑的财务分析文章，所以及时出逃了。不幸的是，相当多的交易者却被市场反复教育得宁可相信骗子的造假与做庄实力，也不愿意理性地相信财务数据分析，从而在连续跌停中损失惨重。

岁月蹉跎，时光荏苒，如今在老唐的书中再次披阅到那些曾经的夺命惊魂，不胜叹惋。

对于老唐的文字，我是佩服并喜爱的。

佩服的是他通过多年实战磨炼出来的财务数据分析能力；喜爱的是他能妙趣横生地娓娓道来，让我们能够很清楚地理解财报中各个关键数据的投资含义。

而最让我触动的，不仅仅是他在书中所传授的分析技能，还有他在字里行间流露出来的精神态度与思维方式。

交易水平到了一定层次以后，基本技能的差别已经不大了。如果讲到某个数据的分析比较，研判某只股票的发展趋势，只要在市场中混得足够久，谁都可以很专业地讲出些道道来。但是，思维方式的差别却会带来不同的行为结果。

不同于那些整天想年报掘金的套路，老唐在书的开篇就写道："财报是用来排除企业的"，这种思维就很大气。

首先，取舍在我，不是别人说好就好。不管多么叫座的企业财报，都得由我自己来独立判断。

其次，财报分析只是一个工具，只是用它帮我们框定一个范围，并不意味着只靠它包打天下。能够明白一个工具什么时候好用，什么时候不好用，才算是真正客观地认识并掌握了这个工具。而某些人，自以为自己财报分析技能很高明，就将其奉为无可匹敌的神功，什么时候都能用，在这种狭隘的思维格局影响之下，迟早会踩到盲目自信的地雷。相反，当我们客观平和地把财报分析当作一种工具，既重视其分析结论，又与其他信息综合评判，得到正确结果的可能性将会更大些。

最后，这也是一种证伪思维的体现。大部分人被现有的教育体系培养得思维僵化，习惯了什么问题都有一个标准答案，解决办法就是把它证明出来，也就是我们通常所说的证实。习惯了证实模式后，到了生活与工作当中，也就特别容易体制化，很容易盲从与奴化，创新思维与灵活应变能力不足。殊不知，生活是复杂多变的，而股市更是瞬息万变。如果以为什么都有标准答案，就很容易轻信于人，从而成为不能独立思维的旅鼠，有再高明的技能也是白搭。而习惯了证伪的排除式思维，就会知道，反复证伪，可以使我们对一个事实的认知更接近于真相，但它仍可能不是真相，它只是被我们框定到了一个范围里，而这个范围里仍然有各种可能性，虽然其变动概率大大减少。

而当一个人拥有强大的财务分析能力，却能用证伪的思维方式独立研究判断时，其视角无疑会宽广得多。由于避免了机械教条主义，对于各种难以预料的突变也将会有更多的预见与准备，从而能更加自如地适应各种复杂的形势。

格雷厄姆说："就理性投资而言，精神态度比技巧更重要。"

我想，读老唐的书，固然应学习他的财报分析技巧，但我们更应从他那些快意江湖的文字里，品味他审慎投资的精神态度；在一招一式的演练中，参悟我们自己的杯酒人生。

小小辛巴

2014 年 12 月 11 日夜写于鹭岛百家村

阅读提示

本书以贵州茅台（600519）2013 年财报为例，系统讲解了阅读财报的方法以及阅读重点。文中节选了部分茅台财报内容，但因篇幅所限，并未全文刊出。因此，编者建议读者朋友在阅读本书时，按照第一章所介绍的方法，下载一份《贵州茅台酒股份有限公司 2013 年年度报告》，对照本书阅读，将更有助于理解文中所讲。

此外，读者朋友可以在亚马逊下载《<手把手教你读财报>陪读问答》免费电子书，能够帮助您更好地理解书中的难点。

要特别提醒读者朋友，本书所讲述的内容和方法，仅适用于在中国 A 股市场上市的公司，若运用于其他国家和地区上市公司分析时，请注意不同国家或地区会计准则的区别。

中央财经大学会计学博士袁皓先生对本书进行了专家审读，在此表示感谢！

目　录

第一章
你必须学会读财报

财报是股票的投资说明书，是企业的体检报告。投资者可以通过阅读财报评估股票价值，并按照财报数据判断企业健康水平和生存能力。投资大师巴菲特曾说：“你必须了解财务报告，它是企业与外界交流的语言，一种完美无瑕的语言。只有你愿意花时间去学习它，学习如何分析它，你才能够独立地选择投资目标。你在股市赚钱的多少，跟你对投资对象的了解程度成正比。”由此可见阅读财报的重要性。老唐之所以写这本书，就是想和朋友们聊聊怎么听懂这种“完美无瑕的语言”。

第一节　财报是用来排除企业的

老唐先给各位看官讲三个暖场的股市小故事，如假包换。只是出于“你懂的”的原因，隐去了公司名字。

第一个故事。

话说某年，某股票代码排序在前十名的上市公司，经营亏损 1 亿元。出于某种特殊原因，董事长需要当年实现盈利。于是，财务总监贡献了一条起死回生的“妙计”——只用了白纸两沓，顺利扭亏为盈。

“妙计”分为三步：

第一步，签一份合同。公司在银行有贷款 1.6 亿元，经过与银行磋商，双方达成协议：用公司账面价值 3000 万元的华 × 大厦部分房产作价 1.6 亿元归还欠款。

第二步，再签一份合同。公司与银行签订买楼协议，作价 1.6 亿元买回抵押给银行的全部房产，房款暂时欠着。

第三步，公司实现了扭亏为盈。怎么样？比把大象放进冰箱里容易得多吧？

这也行？是的，这也行。公司用账面价值3000万元的房产，归还1.6亿元的贷款，获得了1.3亿元营业外收入，进入利润表。减去当年经营造成的亏损1亿元，当年实现利润总额3000万元。

公司用1.6亿元买回那座价值3000万元的房子。购买的资产，按照买价入账，公司资产里增加了一栋账面价值1.6亿元的楼。至于负债嘛，如果忽略交易费用，那原本欠着银行1.6亿元，现在不多不少还是1.6亿元。

这个故事告诉我们，财报编制中有很多技巧，能够合法地改变公司的利润。如果你不懂得阅读财报，只依赖F10里的每股盈利和市盈率，就很可能糊里糊涂地踩中地雷。

第二个故事。

某大牛股，四年涨了60多倍。营业收入年年高增长，利润年年高增长，现金流相当优秀。董事长英明神武，对市场判断极其准确，年年达到乃至超越经营目标，其董秘也被众多调研机构传为“天下第一秘”。看好的研报满天飞，该股成为显而易见的大白马。股价走势证明，任何回调都是买进良机。

很可惜，后来的事实显示，从公司上市的第一天开始，这家公司就一直在造假。其过程大致是：

（1）改制成股份公司时，公司贷款运作至公司之外，以1.6元的价格吃下了1000万余股。

（2）三年后，公司上市，当天股价18元。这1000万余股被分在了几十个私人账户上，由少数高管掌握。

（3）上市后，公司先后投入了近7亿元资金进入这些账户买入自己公司的股票。

（4）公司提出当年计划收入和利润，发布超过 50% 的高增长盈利预告，股票大涨。

（5）财务部算出计划收入、利润和实际之差，销售部按需制作合同及发票，证券部按照需要的收入金额，抛售个人账户股票，并将资金汇入空壳公司甲。

（6）公司甲或亲自与上市公司签订并履行合同，或将款项分拆打给上市公司的合作客户，由客户签订合同，并将对应款项打入上市公司账户。

（7）银行提供进账单、对账单；会计师事务所出具财务审计报告；上市企业发布财报，兑现良好乃至超预期经营成果；各大券商发布各种吹捧研报。

（8）在股价上涨过程中，公司送股、配股，高价融资。庄家、老鼠仓乘机大捞一把。

（9）次年，选择股价低谷时，证券部控制的账户伺机买入本公司股票，重复上面的故事。

这些账户累计在公司股票炒作中获利 17 亿元，并将其中约 16 亿元做进了公司主营收入，制造出一只业绩不断增长的大牛股。同时在市场完成了四次融资，最终使二级市场投资者损失惨重。

这种造假，每笔合同都有对应现金进入，财报表面数字完美。如果不了解公司在业内的地位和产品的市场份额，不懂得运用财报中毛利率、净利率和税收数据与行业内竞争对手数据进行对比，那么踩雷受骗就是大概率事件。

上面两个是老故事，下面讲个新故事。

2014 年 7 月，某上市公司被证监会处罚，原因是上市公司隐秘出资，设立空壳公司甲，专门负责从上市公司采购，然后再通过公司乙转手，将采购来的上市公司产品卖给上市公司的下属子公司丙，从而将上市公司盈利数据玩弄于股掌之上。

需要上市公司赢利的时候，上市公司高价卖给甲公司，再经过乙公司低价卖给丙公司；需要上市公司亏损时，反其道而行之。整个过程中，上市公司的产品原地不动，只通过合同和仓单的转移就完成了利润操控。公司利用此手段，在5年时间里，累计虚增收入6.6亿元，虚增利润2.2亿元。

相对于第二个故事主角而言，这第三个故事中的造假手法实际上是倒退了，财报里的毛利率、关联交易和运输费用等数据都可能成为破绽。

以上三个故事，第一个发生在20世纪末，第二个发生在21世纪初，第三个则是刚刚曝光。造假者的存在，似乎成了资本市场发展历程中不可或缺的组成部分。

与后两个故事里造假企业一样，造假公司在被揭穿以前，一般都是经营业绩靓丽，形象良好，被媒体和股评家普遍看好和推荐。然而，无情的事实告诉我们：

（1）只看F10很容易上当；

（2）财报可以用来排除造假企业。

懂得了这两句话，你的投资水平已经有了一次质变式的飞跃。

第二节　财报大框架：财报阅读入门

我国要求上市公司按照公历自然年划分经营年度（有些国家和地区，企业可以自定经营年度起止时间），并按季度披露财报。所以财报分为一季报、半年报（也称“中报”）、三季报、年报，分别向股东汇报对应期限的企业经营情况。其中，年度财务报告必须经过会计师事务所审计。

按规定，年报要求年度结束后 4 个月内披露；半年报要求在上半年结束后 2 个月内披露；第一季度、第三季度季报，要求在季度结束后 1 个月内披露。因此，年报准备时间最充分，信息披露最详细，可信度最高。半年报次之。至于一季报、三季报，相对简单，仅供投资者了解基本数据。

无论是详细的年报，还是简单的季报，都至少要包括三张报表，即资产负债表、利润表和现金流量表。其中每张表又要求分别提供合并报表和母公司报表。

母公司资产负债表、母公司利润表、母公司现金流量表，加上母公司所有者权益变动表，展示了上市公司本部的经营情况。对应的合并报表，并不是一个真实存在的法律实体，它合并了上市公司本部经营及其控制的子公司、孙公司经营情况。合并时，会抵销这些母子公司、子孙公司之间的投资、交易和债权债务。

母公司是个表达关系的词，如同一位女性可能既是妈妈，也是女儿。妈妈或母公司指的是谁，要看说话主体是谁。除了上面提到的四张"母公司××表"特指上市公司本部以外，财报中其他用到"母公司"一词时，指的是上市公司的控股股东，因为财报是上市公司说的话。

由于子公司、孙公司是企业经营的重要组成部分，所以投资者主要关心合并报表数据。知道了这三张表总体上怎么看，就算是入门了。

资产负债表

普通投资者喜欢利润表，投资高手更关注资产负债表。

资产负债表，是企业在报表日（12 月 31 日或季度末）结束那一刻，资产、负债及权益的定格照片。

资产负债表很容易看懂。忘掉那些高深的术语，记住一句话就行了，表的右边，是钱的来源；表的左边，是钱的去处。

知识链接

有时公司会以左为上，以右为下，从"资产总计"那行切断，变左右结构为上下结构。也许是纸张或屏幕不够宽吧，阅读方法是一样的。

钱的来源，不外乎借债或股东投入。所以，资产负债表右边，分为负债和权益两大项。负债告诉你，公司的家当里，有多少是借的钱；权益则告诉你，有多少是股东的钱。依照还钱的紧急程度排列，越急着还的越靠上。

钱的去处，组成企业资产。资产按照变现便捷度排列。最容易变现的当然是货币，放在最前面。最不易变现的固定资产、无形资产、商誉等，放在最后面。

逐项看过去，公司家当一目了然。投资者可以对照以前的数据看，了解每个单项是怎么变的。闭上眼，想象自己是老板，把各类资产如此这般地腾挪，想想他为何这么干，干得对不对，是看财报时最享受的事情。如果自信心不够，就把所有数字同比缩小到自己日常习惯驾驭的数字级别，然后再冒充老板指点江山。

阅读财报的一个重要方法就是跟同行比照着看，看不同项目在总资产中占比有何不同，思考为何不同，这不同是优势还是劣势。尤其是应收票据、应收账款、应付账款、预付款项、预收款项几个项目，可以看出公司与上下游之间的地位，展示公司竞争力的强弱。如此，资产负债表大致就算消化了。

新手一定要训练自己适应三位一逗点的数字长度，练就条件反射般找到百万和亿的功夫。初期，视公司规模，可以习惯性将亿或百万后的“小钱”四舍五入，让自己轻松点，冒充老板也踏实点。

利润表

利润表也叫“损益表”。资本市场喜欢看，也最容易造假。容易造假的根源是权责发生制。[①] 依照权责发生制，没收到的钱，可能被算作收入；没付出的钱，可能被记录为成本；又或者收到的钱，不算作收入；已经付出去的钱，不被记录为成本。

---

①权责发生制又称“应收应付制原则”，是以权利或责任的发生来确定应收（应该得到的收入）和应付（应该付出的费用），不考虑是否在本期收到或付出现金。

不考虑投资收益和资产减值损失的话，收入减去各类支出，就是营业利润。营业利润是一家公司的核心利润，是持续竞争力的体现，是利润表上需要重点关心的数字。营业利润加上主营业务以外的收支（营业外收支占比大的公司，一般要警惕，都是些不让人省心的货），便得出了利润总额，缴清所得税后，剩下的便是净利润。

知识链接

上市公司报表中的收入，是不含增值税的。如贵州茅台，如果以819元出厂价销售一瓶酒，收入数字上只能记录819÷1.17＝700元。代替税务局收的119元增值税，企业只是过手瘾，不能算作公司收入。

投资者可以将成本、税收、费用各自占收入的比例，与同行对比、与历史对比。如果比例异常，就要去财报附注里寻找解释。如果解释不足以令你放心，就排除它。对投资者而言，市场利润无穷，自己本金有限。宁可错杀而少赚，也不能踩雷而亏本。

并非每家子公司都是由上市公司100%持股的。那些在子公司里占点股份的股东，他们股份对应的资产，在资产负债表里叫作“少数股东权益”。他们股份对应的利润或亏损，在利润表里就叫“少数股东损益”。从净利润里去掉了它，剩下部分，便是报告期内上市公司股东拥有的净利润了。报表上这一项的名字很拗口，叫“归属于母公司所有者的净利润”。

归属于母公司所有者的净利润除以公司总股本，就得出研究机构和股评人士最喜欢讨论的“每股收益”。

股票价格/每股收益，就是市场最常用的指标——市盈率，简称“PE”（Price/Earning）。它没什么神秘的，只是投资回报率的倒数。

20PE 意味着投资回报率为 5%，8PE 则意味着投资回报率为 12.5%，仅此而已。只是它和私募股权投资（Private Equity）的英文缩写“PE”相同。需要投资者注意语境，别弄混就行。

现金流量表

现金流量表记录公司的现金流入和流出。但其中经营活动现金流入流出不是通过完整记录公司现金流水做出的，而是以利润表为基础，参考资产负债表应收应付科目，调整后得出的。所以，表里最准确的数字是期初现金总额、期末现金总额及两者之差。

由于现金收益率为零，所以无论个人还是公司，都不会持有大量现金，而会选择存银行或买个理财产品，这类东西被称为“现金等价物”。

知识链接

资产负债表货币科目里面除了现金及现金等价物，可能还有些不能随便动用的钱，是不算现金及现金等价物的。如存进央行的准备金，有特别约定取款条件和期限的存款等。所以，如果发现现金流量表的现金及现金等价物余额，与资产负债表货币余额不符，不要奇怪，差额就是受限制的货币。

公司涉及现金的活动分为三大类：经营活动、投资活动和筹资活动。经营活动，是企业销售商品或提供劳务带来的现金收入及对应的现金支出。经营活动现金流净额为负的企业，通常日子不好过（银行除外）。这个容易懂，就是日常说的入不敷出。投资活动，是企业对内对外投资的支出和收到之前投资回报的情况。投资行为，一要看投的项目是否在企业能力范围内。通常，跨行业扩张，不妙的概率大。

二要看投资回报率。投资回报率如果不是显著高于社会资金平均回报水平，管理层就是乱来的，反之，就是对股东有利的投资。

至于筹资活动，则包含公司回购股票、向股东分配红利、借债或发行股票收到的现金以及相关成本。

其他补充

国内上市公司超过2500家，每家公司发布的年报不少于10万字，总计超过2.5亿字。就算你一年365天都在读财报，每天阅读字数也要相当于一套《三国演义》，这根本不现实。因而，设立一些规则，缩小关注圈，是每个投资者都必须面对的事。规则，依赖于投资理念。而每种规则都可能放掉一些牛股，当然也帮助你绕过一些陷阱，这是硬币的两面，投资者需要自行摸索取舍。老唐自己是先排除ROE（净利润÷净资产）<15%的企业，再排除上市未满五年的企业。

选定大致要看的股票后，除了以上三张表外，董事会报告和重要事项是必须细读的内容。尤其是董事会报告，最好是多年的连在一起读。通过前后对比，可以判断董事会说话是否可信，对市场判断是否准确，对企业掌控力的强弱等。

对三张表有任何疑问，都需要在附注中找解释。附注最好是逐字细读一遍，但是，多数投资者都没耐心读附注。企业必须披露却又不太想让你明白的东西都在附注里。要想取得比较优势，别人不读的东西，你得读。至于其他部分，第一次认真点儿读，以后就可一眼瞄过了。

第三节　读财报前的准备工作

获得上市公司财报

在上一节中老唐谈过，年报信息披露最详细，可信度最高。学会了阅读年报，半年报和季报自然不在话下。因而，本书将以一份上市公司最新年报为例，手把手教您阅读财报的方法。

首先，通过巨潮资讯网、上海证券交易所、深圳证券交易所网站可以免费下载上市公司财务报告。

巨潮资讯网网址：http：//www. cninfo. com. cn/；

上海证券交易所网址：http：//www. sse. com. cn/；

深圳证券交易所网址：http：//www. szse. cn/。

巨潮资讯网，可以查询和下载深沪两地的上市公司财报及公告；上海证券交易所（以下简称“上交所”）和深圳证券交易所（以下简称“深交所”），则可以查询和下载在该所上市的企业财报及公告。

在以上三家网站首页，均可找到“查公告”或者“公告查询”的输入框，输入您要查询的股票简称或者代码即可进行查询，如图 1 –1 所示。

图 1 –1　通过股票代码查公告

通过选择要查询信息的类别（如一季报、年报、投资公告等），可以迅速找到所需信息。通过设置时间段，可以找到对应时间内的公告，如图 1 –2 所示。

图 1 –2　查询对应时间段内的公告

目前三家网站均提供上市公司 2000 年至今的财报及公告下载。若投资者需要更早的信息，则需要联系上市公司咨询。

上市公司的年报，按照要求，需要在次年 4 月 30 日之前披露。如果企业无法按时披露年报，会被交易所停牌处理。无法按时披露年报，通常是种警示信号。若不是对该企业或该行业非常熟悉，建议远离这类企业。

对于自己关注的企业，除了年报以外，还会有很多其他信息披露是不能错过的。最简单的方法，是在雪球（www. xueqiu. com）上关注该股票，而后会收到雪球推送的企业披露信息及相关新闻，这种方法省事不少。

本书采用的财报范本

初学者先从贵州茅台酒股份有限公司的财报开始学习，是个不错的决定。之所以推荐使用该公司财报作为范本，基于以下六大理由：

（1）公司主营业务单一，就是产酒卖酒，好理解。2013 年公司新增了财务公司业务，但收入占比小到可以忽略。

（2）公司组成相对简单。进入合并报表范围的子公司仅有五家，且其中一家占了公司营业收入的 95% 以上。新手无须在阅读过程中，把宝贵的时间浪费在梳理复杂的公司关系上。

（3）茅台酒当年销售量与四五年前的生产量有关系，阅读过程中产销相互印证，方便理解不同年度报表数字之间的关系。

（4）公司先收钱后发货，几乎不会有死账、坏账。存货的入账成本远低于出厂价（约占出厂价的不足 7%），几乎不可能产生存货跌价损失，报表相对简单。

（5）市场对其研究较多。如果新手在阅读年报过程中遇到不懂的东西，很容易通过搜索引擎，在网络上找到相关资料，快速解决问题。

（6）更重要的是，在 A 股市场做投资，几乎不可能绕开贵州茅台。即便你不投资它，也可以将这台印钞机作为衡量其他企业投资价值的参照物。这样，从阅读贵州茅台酒股份公司财报入手，时间铁定不会被浪费。

基于以上六大理由，老唐将采用贵州茅台酒股份有限公司 2013 年度财务报告，作为讲解范本。各位读者可自行下载一份，对照阅读。

贵州茅台简介

为方便各位读者在后面的学习中，不被财报中涉及公司经营模式及结构的问题难住，本节简单梳理一下贵州茅台公司基本情况。

贵州茅台，于2001年8月上市。上市前，公司净资产不足5亿元，上市募集资金近20亿元，其后再未从市场融资。历年已实施的现金分红超过220亿元，其中近80亿元为公众股东所得。目前，公司净资产超过450亿元，市值约1800亿元，其中35.1%为公众股东所拥有。

公司是中国白酒龙头，主要生产销售茅台酒及茅台系列酒。按照2014年半年报数据，茅台酒的销售收入占公司营业收入的95%以上。

公司的白酒生产，由股份公司本部完成。茅台酒的生产，历时五年。第一年的端午开始制曲（曲，酿酒所需的糖化发酵剂）。茅台酒每斤酒需要2.4斤高粱和2.6斤小麦，其中小麦就是用来生产酒曲的。制曲工作重阳节前结束。

酿酒从重阳节开始，名为“重阳下沙”。沙，指本地红而细小的糯高粱。下沙，就是指投放制酒主料——高粱。重阳节之后的三个月里，发酵、蒸煮、摊凉、再下新沙、加酒曲、发酵、蒸煮。到12月或次年元月开始首次蒸馏出酒。之后对酒糟进行摊凉、加曲、收堆、下窖。如此周而复始，约每月取酒一次，直到次年8月第七次酒取完。

第三次至第五次出的酒称为“大回酒”，第六次得到的酒为“小回酒”，第七次的酒为“追糟酒”。大回酒最好喝，第一次、第二次酸涩辛辣，最后一次发焦发苦，但每次的酒都有特别用处。新酒产生后会装入酒坛封存，形成基酒，并分别以“酱香”“醇甜”和“窖底”三种酒体来归纳和区分。基酒存放3年后，进行勾兑。勾兑不加水，是用几种甚至几十种基酒及少量老酒，按照不同比例调和。之后继续存放半年到一年，完成醇化和老熟后灌装出厂。

本部生产的成品酒，会大体按照一个基本不产生利润的价格，卖给下属子公司贵州茅台酒销售公司。然后由销售公司按照出厂价卖给经销商、专卖店或者其他购买者。这种做法，是国内几乎所有涉及消费税的企业都会采用的模式。利用消费税只对生产企业征收的特点，合法避税。目前国内粮食白酒的消费税，是售价的20%外加1元/L。

上市公司贵州茅台，目前拥有五家控股子公司，股权关系如图1－3所示。

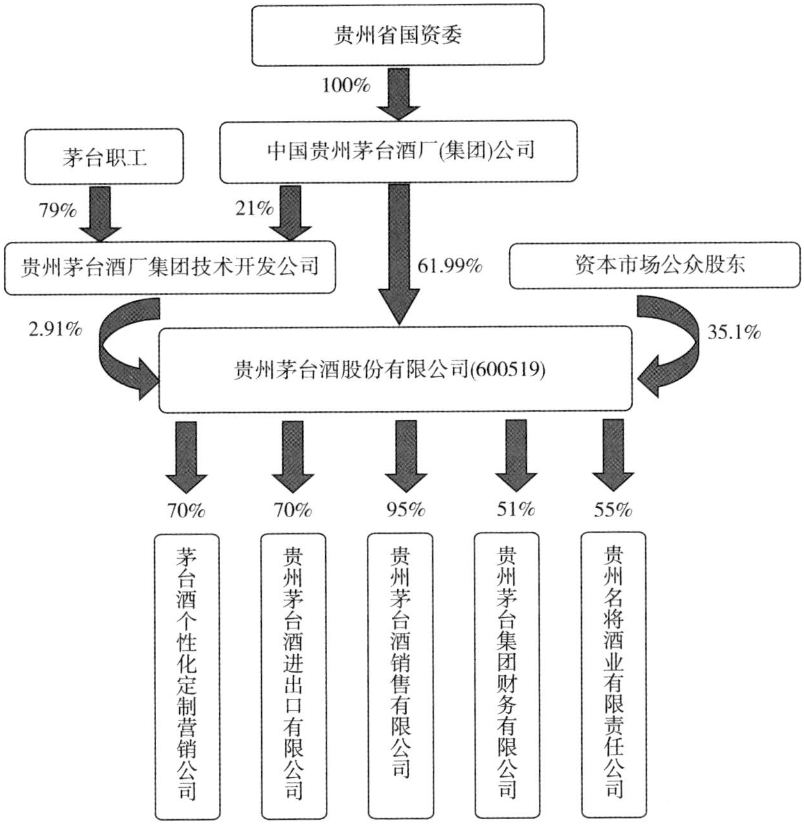

图1－3　贵州茅台股权关系

贵州茅台酒销售公司，是上市公司体系里最重要的子公司。上市公司持股95%，茅台集团持股5%。2013年公司白酒销售收入309.21亿元，其中298.55亿元是经由茅台酒销售公司完成的，占比96.55%。

贵州茅台酒进出口公司，上市公司持股70%，茅台集团持股30%。2013年茅台酒出口约11亿元，主要由进出口公司完成。

贵州茅台酒个性化定制营销有限公司，是2013年新设立的公司。上市公司持股70%，北京天信慧通投资公司持股30%。

茅台集团财务公司，上市公司持股51%，茅台集团及其全资子公司习酒公司持有剩余的49%。

贵州名将酒业，上市公司持股55%，贵州金讯贸易公司持股45%。

另外，还有一个不进入合并报表范围的贵州茅台酒厂（集团）投资合作有限公司。合并报表长期股权投资科目显示，上市公司投资400万元，持股40%。

以前还有个北京茅台神舟商贸有限公司，也属于并表范围子公司，于2014年3月注销。

上市公司使用的一系列商标，租自茅台集团。这些商标的租金，约定为年销售收入的1%～2%，租约截至2050年12月31日。其后这些商标无偿归上市公司所有。商标的租金，以及集团在销售公司所占的5%股份，算是集团除持有上市公司股权外，额外拿走的一份收入。

读到这里，请先别发牢骚，似乎身上吸附了一只吸血蚂蟥。下面老唐帮你算一笔账。如果老唐今天成为茅台集团老板，会让股份公司按照300元一股的价格（够意思了吧，买在山尖上的也给超过25%的利润）把公众股东持有的4亿股，全部回购后退市。具体操作如下：

股份公司现有200多亿元现金，用存货价值约2600亿元（茅台集团党委书记透露的）加上公司拥有的茅台镇土地及厂房设备（若真被要求追加担保，也还有茅台商标和集团一大堆资产可以担保），打个大折从银行抵押贷款 1000 亿元。按五年以上贷款标准利率 6.55% 上浮 10%，给 7.2% 的利率，以茅台的经营现金流记录，银行应该会抢破头。

然后，哪怕就按照 2013 年业绩不再增长，每年卖 300 亿元的酒，220 亿元左右营业利润，还银行 72 亿元利息，缴了所得税后，还有超过 110 亿元净利润。零增长前提下，7 年足够还清全部贷款本息。以后每年利润全拿，还不用看资本市场脸色——更重要的是，整个过程集团无须额外出一毛钱。如果考虑每年可能还会有一点增长，需时会更短。这么想来，国有资本出让了优质股权，又心不甘情不愿地吸点血回去，老唐认为无须太过计较。

第四节　重要提示

读者打开下载的贵州茅台 2013 年财报，首先看见的是“重要提示”。既然叫“重要提示”，当然需要认真看看。具体内容如下所示：

一、公司董事会、监事会及董事、监事、高级管理人员保证年度报告内容的真实、准确、完整，不存在虚假记载、误导性陈述或重大遗漏，并承担个别和连带的法律责任。

四、公司负责人袁仁国先生、主管会计工作负责人何英姿女士及会计机构负责人（会计主管人员）汪智明先生声明：保证年度报告中财务报告的真实、准确、完整。

以上两句话，既是套话，也是假话。上市公司中造假企业不少，但是因为不真实、不准确、不完整的年报，最终承担法律责任的高管却很少见。让我们永远记住：年报是用来排除企业的。请首先忽视这些保证，持一颗怀疑之心开始阅读财报。

二、公司全体董事出席董事会会议，其中，亲自出席的10人，授权委托其他董事出席的1人（独立董事梁蓓女士因工作原因未能亲自出席会议，授权委托独立董事陈红女士代为出席并行使表决权）。

这一段是介绍董事们出席会议情况，没什么关心价值。

三、立信会计师事务所（特殊普通合伙）为本公司出具了标准无保留意见的审计报告。

这句话表述很简单，但却很重要。以后投资者拿到财报，请一定翻开先找这句话。

会计师事务所是从上市公司拿钱的，会不会拿人的手短，吃人的嘴软？当然，由于会计师事务所获取证券业务许可，并不是一件容易的事儿。全国目前有7790家会计师事务所，拥有证券牌照的只有53家。53家有资质做全国超过2500家且不断增加的上市公司业务，收入稳定且利润可观。所以，一般而言，会计师事务所也不愿意用牌照冒险，去配合上市公司玩太过分的把戏。他起码要考虑，万一露馅儿，能否找到撇清责任的说辞。

因此，凡是会计师不愿意发表“标准无保留意见”的，我们就完全可以理解为会计师认为账目有问题，收钱有风险。只有“标准无保留意见”的审计报告才有阅读价值。截至2014年4月30日，深沪两市2537家上市公司中，2402家公司被会计师事务所出具了“标准无保留意见”的审计报告。如果会计师发表的不是这句标准用语，请直接把该公司的财报丢掉。若是要炒概念、听消息、看图形，无须拿份假报表，自我麻醉。

会计师事务所可能出具的意见，一共有五种。考虑到会计师是上市公司花钱雇用的，强烈建议投资者按照表1-1，降格理解会计师的真实意思。

表1-1 会计师出具意见与其真实意思对照

会计师出具意见	会计师真实意思
标准无保留意见的审计报告	造假迹象未被本人发现
附带说明的无保留意见审计报告	黑锅有人背，本人大胆收钱
保留意见审计报告	假报表，别看了
无法出具意见审计报告	本人拒绝和拙劣的骗子合作
否定意见审计报告	本人举报诈骗犯

五、经董事会审议的报告期利润分配预案或公积金转增股本预案：经立信会计师事务所（特殊普通合伙）审计确认，2013年度公司实现净利润15,136,639,784.35元。

根据《公司章程》及相关规定，提取法定盈余公积金1,184,369,466.72元、提取一般风险准备13,296,286.27元以及根据公司2012年度股东大会决议实施利润分配方案派发现金股利6,664,077,420.22元，加上年初未分配利润28,700,075,247.50元，本次实际可供股东分配的利润为35,974,971,858.64元。

据公司实际状况和未来可持续协调发展的需求，拟订了以下利润分配预案：以2013年末总股本103,818万股为基数，对公司全体股东每10股派送红股1股、每10股派发现金红利43.74元（含税），共分配利润4,644,817,320.00元，剩余31,330,154,538.64元留待以后年度分配。以上利润分配预案需提交公司股东大会审议通过后实施。

这第五段，是投资者比较关心的净利润及分红数据。它代表的含义是，2013 年度，公司实现净利润 151. 36 亿元（为方便叙述，数字经四舍五入，下同），提取盈余公积金 11. 84 亿元，提取一般风险准备 0. 13 亿元，减去 2013 年内实施的 2012 年度的分红 66. 64 亿元，剩下的钱加上 2012 年年报的未分配利润 287 亿元，最后的总数 359. 75 亿元，就是可供股东分配的钱。

由于合并报表体现的并不是一个法律意义上的公司实体，而分红行为只能由法律意义上的公司对自己的股东实施。因此，分红的主体是贵州茅台酒股份有限公司，提取盈余公积也是按照母公司利润表净利润数据（118. 44 亿元，财报 48 页）的 10% 提取。所以，可以实施分红的金额上限，是母公司报表的未分配利润数。当然，由于母公司对整个合并报表范围内的子公司利润具有支配权，母公司是可以通过安排子公司分红来调度利润的。

可以分，并不意味着应该全部分光。公司管理层权衡后，决定向股东大会提出 10 股送红股 1 股及现金 43. 74 元的方案，这样会分掉 46. 45 亿元，留下 313. 3 亿元不分。这里面有很多概念需要解释，且听老唐一一道来。

（1）净利润

净利润貌似简单，其实很复杂。后面谈利润表的时候，还要细说，此处先举个简单的例子，让读者朋友们有个概念性的认识。

以公司甲为例，若其今年花了 70 元买原材料，同时产生 30 元生产制造费用，40 元其他税费，然后被乙公司打了张 200 元的欠条把货拉走。甲公司会在报表上认认真真地记录 60 元税前利润，并按照 25% 的所得税率，上缴 15 元给税务局，而后向股东汇报今年获得净利润 45 元——其实到目前为止，一毛钱进账也没有，倒是贴出去不少现金。

（2）盈余公积金

盈余公积金是法律不让公司分配的利润。中国的《公司法》规定，一个公司盈利后，必须留存至少10%作为盈余公积。这是一个具有“中国特色”的科目，是政府强制公司进行扩大再生产的手段。

按法律规定，盈余公积累计超过注册资金的50%后，由董事会自行决定是否继续计提。盈余公积一旦计提，用途就受限制了，只能用于弥补经营亏损，或派送红股。后者还要保证送股后，盈余公积仍然大于注册资本的25%。

很多朋友不太明白，为何送红股要被扣税。老唐在这里解释一下，送红股，是被视为先拿现金出来分给股东，然后又按照股票面值价格，帮你认购了公司新发行的股票。因为首先是大秤分金银的过程，所以税务局要向股东征收所得税。

送红股这个过程，公司并没有真拿钱出来。股东的持股，也因为所有股东同比扩大而价值不变（一个饼分100份时占10份，和这个饼分110份时占11份，一样多），反而要损失税款。唯一得利的，只有税务局。只是因为资本市场喜欢这个数字游戏，也就有人乐此不疲。

因此，茅台2013年拟定的分红方案是：10股送红股1股及现金43.74元。按照10.38亿股算（准确数字是103818万股），分掉的现金看上去应该是10.38×43.74÷10=45.4亿元，而财报显示分掉了46.45亿元。差额便是上文谈过的送股被视为分现金，10股送1股，在税务局眼里，那就是10股分1元，先分掉了1.04亿元。

用未分配利润或盈余公积送股，习惯叫作“派送红股×股”。用资本公积项目里的钱送股，习惯叫作“转增×股”。转增股看上去和红股一样，账户上都是收到额外的股票，但转增股不用缴税。至于资本公积里的钱，是哪儿来的，为何转增不用缴税，咱们聊资产负债表的时候再谈。

（3）一般风险准备

一般风险准备，是专门要求金融企业提取的款项，用于弥补未来“莫须有（可能有）”的亏损。因为茅台公司拥有一家金融企业——茅台财务公司，所以需要计提（计提：计算并提取）一般风险准备。这项计提仅与财务公司放贷额有关，与其他子公司的经营无关。

按规定，一般风险准备计提的标准是“余额不低于风险资产期末余额的1.5%”。风险资产的计算比较复杂。如果对金融类公司有兴趣，可自行学习风险资产余额的计算方法。其他类型企业的股东，知道这么个定义即可。

（4）未分配利润

未分配利润，是从历年净利润总和中，去掉计提盈余公积和分红后的剩余。乍看过去，令人十分高兴，似乎公司有这么多钱等着分。其实不然。一是，这里面很多现金，已经变成土地厂房、固定资产、在建工程及其他投资；二是，有些公司的净利润，是通过无现金流入的方式创造的，只有数字没有钱，永远也无法分配。

六、前瞻性陈述的风险声明

本年度报告中所涉及的未来计划、发展战略等前瞻性陈述因存在不确定性，不构成本公司对投资者的实质承诺，敬请投资者注意投资风险。

七、是否存在被控股股东及其关联方非经营性占用资金情况?

否

八、是否存在违反规定决策程序对外提供担保的情况?

否

第六句是告诉你，本财报里提到的“预计、估计、计划、我们将……”等用语，只代表管理层吹的牛皮，请你在相信前务必先过过脑子。若因相信管理层吹牛而投资失败，是自己天真，本公司概不负责。这是规定的套话，也是必要的提醒。七八两条，意思很直白，老唐就不啰嗦了。

至此，重要提示页就看完了。熟悉公司后，拿到这页也就看一眼会计师意见和分红方案，再注意一下是否有异常说明即可[①]。所谓异常说明，当然是很少见的。如公司独立董事或监事跳出来在这里讲两句，那就必须引起投资者重视了。

① 有的公司偷懒，会计师意见没有写在“重要提示”部分，只是出现在“财务会计报告”项目中（如茅台2013年财报的41页）。如下字样即表示标准无保留意见：“我们认为，贵公司财务报表……公允反映了贵公司……”

第五节　财报的结构

读完重要提示后，便进入了财报正文。

打开财报正文，首先映入眼帘的是一份目录。目录显示，这份财报分 11 节。

目录

在这 11 节中，重要的内容有 3 节，分别是财务会计报告、董事会报告和重要事项。如果关心一家公司，这三节是必看的内容，也是本书后面篇章主要讲述的内容。在最重要的三节中，财务会计报告的三张表和附注是核心内容。

次要内容有两节，即股份变动及股东情况，董事、监事、高级管理人员和员工情况。如果准备持有某公司，除了最重要的三节外，次要的两节也需要关心。

对于股份变动及股东情况，可以重点观察股东人数的变化，以及前十大股东的变化。股东人数的变化，每期报表都有两个数字（报表第27页），一个是报告期末（年或季度的最后一天），另一个是报告披露前5日。有兴趣观察市场博弈的读者，用这两个数字，加上季报数据披露的股东人数，找出对应当日的股价，可以画出两条很有趣的曲线。

从员工情况介绍中，除了可以了解高管履历、薪酬以及员工结构以外，还可以获取公司员工人数等信息。从员工人数变化，可以看出公司的扩张与收缩。

也可以用资产负债表的“应付员工薪酬”期末值减期初值，加上现金流量表的“支付给职工以及为职工支付的现金”数据，得出员工薪酬总额。薪酬总额除以员工总数，计算出当年平均薪酬。

通过观察平均薪酬数据是否合理（如有些公司造假无方，据此法算出员工平均年薪数千元或者数十万元，就需要警惕了），与往年相比、与同行相比，观察是否有异常，可以帮助投资者避开很多陷阱。例如，茅台年报34页显示，员工1.68万人；财报43页显示应付薪酬减少了0.09亿元；财报50页显示，公司本年度为职工支付的现金共计31.36亿元。(31.36－0.09)÷1.68＝18.61万元，这就是2013年公司向员工支付的平均薪酬。由此还可以通过计算衍生出另外一些数据，如人均营收、人均利润、薪酬占利润比等。各位读者有兴趣的话，可以自己慢慢摸索。

会计数据和财务指标摘要，可以使公司股东或对公司已经熟悉的人，迅速了解一些框架性的数据。剩余的其他部分，基本上是官样文章，几分钟浏览一下即可。

知识链接

支付给职工以及为职工支付的现金，不能直接理解为员工所得。因为这里面还包括为员工（除在建工程人员）缴纳的各种保险、福利、补偿等。据计算，若公司以税前工资 1 万元/月的标准聘请一位员工，公司仅法定必须向社保及公积金管理机构缴纳的与该员工有关的五险一金就合计达 4410 元，由此，公司实际聘用代价约为 14410 元。而员工在缴纳了规定由个人承担的三险一金及个税后，到手现金为 7454 元。

上面简单介绍了次要部分，下面再聊聊另外几份官样文章。从下一章开始，进入最重要的财务会计报告部分。整个财务会计报告讲完了，再回头看董事会报告和重要事项。

官样文章1：释义及重大风险提示

此部分主要解释财报里用到的简称，一看就懂。至于“八个营销”，是袁仁国董事长提出的茅台营销策略，网上有很多阐述和解释文章，感兴趣的朋友可以自行搜索阅读。

官样文章2：公司简介

这里可以找到公司董秘和证代（证券事务代表）的联系方式，如果有事情要咨询公司，直接打电话过去即可。不过，那边接电话的，态度和能力就有好有坏了。有些公司，比较注重投资者关系维护，接电话的热情懂行。而有些公司，如茅台就差很多。

茅台的证代不够热情，很容易理解。举个简单的例子，如果12年前，你拿了20万元入股朋友公司，占股不足三成。12年里，你不参与经营，但年年收到分红。12年累计收到分红超过80万元，且最近两年，公司市价在1200万元到2700万元波动，其中有35%（政府曾逼你朋友白送了你一部分股份）属于你，分分钟可以提现走人。凭良心说，是你笑脸迎你朋友，还是你朋友笑脸迎你？把例子中的万改成亿，大体就是二级市场投资人和茅台公司之间的关系。

官样文章3：公司治理

据说在某些国家，公司治理部分是估值的重要加减分项。而在A股市场，基本上是一套格式化文字。第一次看财报的时候，还是读一遍吧，尤其是考虑临睡前阅读，有帮助睡眠的神奇作用。这里面若有啥重要东西，都会在“重要事项”里提示，所以你就是睡着了，也不会错过什么的。

官样文章4：内部控制

建议同上。

官样文章5：备查文件目录

不用看。

第二章

投资高手关心的表——资产负债表

小白严肃地按下 F10，查看起心仪公司的财务数据。

“菜鸟吧?”旁边一个人问道。

小白很纳闷：“你咋知道?”

“嗨，高手都是直接看财报的，哪有盯着二手数据做投资的。”

“哦!”小白明白了，迅速下载了公司财报，翻到利润表。

“菜鸟吧?”另一个声音窃笑道。

“你咋知道?”

“高手看财报，总是先盯资产负债表，没有一上来就翻利润表的。”

是的，经验丰富的投资者，首先看的报表一定是资产负债表。实际上，他们也许会翻阅利润表和现金流量表来相互印证，但最终总是聚焦在资产负债表上。

对于新手而言，利润表是收入减去税费得到利润的过程，直观且激动人心。看上去像是公司管理层正毕恭毕敬地向你汇报当年的进账。资产负债表则不然，科目繁多，很难让人集中精力。而且，更让人恼火的是，它不够直观——至少在能够完全理解各个科目代表什么之前，它确实容易让人迷糊。接下来，老唐就先和朋友们谈谈资产负债表科目。

前面说过，资产负债表的资产部分，是按照变现的难易度进行排列的。预计能在一年内产生收益的资产，如现金、应收账款、存货以及各种类型的有价证券等，被归为“流动资产”，排在前面；那些需要一年以上时间才能产生收益的资产，如地产、厂房、设备、长期投资以及大部分无形资产，则被归为“非流动资产”，排在后面。

老唐觉得，这个分类方法主要是为了照顾债权人（如银行），方便债权人迅速评估企业的长短期偿债能力。作为投资者，老唐尝试按照货币资金、经营相关资产、生产相关资产、投资相关资产四类来分析公司资产。

其中经营相关资产，主要指应收、预付和存货，搂草打兔子，捎带谈谈负债端的应付和预收科目；生产相关资产，主要指固定资产、在建工程、无形资产、商誉和递延等科目；投资相关资产，主要指公司持有的各类证券、债券、理财、其他金融资产和投资性房地产等。

下面老唐就陪着大伙儿，弄明白资产负债表各个科目的含义、重点和难点，然后再专门用一节谈谈如何在几分钟内看懂一张资产负债表。

第一节　货币资金

打开贵州茅台2013年财报，在第42页，读者可以找到“合并资产负债表”，表中“流动资产”科目下的第一个项目就是“货币资金”，如下所示。

合并资产负债表

2013年12月31日

编制单位：贵州茅台酒股份有限公司　　　　单位：元　币种：人民币

项目	附注	期末余额	年初余额
流动资产：			
货币资金	（一）	25,185,009,331.68	22,061,999,850.17

“货币资金”只需关注合并报表数据

既然是按照变现的便利性排列，当然最容易变现（变成现金）的，毫无疑问就是货币资金。在茅台的合并资产负债表里，我们看见货币资金期末余额是251.85亿元，年初余额是220.62亿元。这两个数字告诉我们，茅台公司及其子公司2013年全年合计增加货币251.85 - 220.62 = 31.23亿元。

往后翻两页，读者可以看到母公司资产负债表的货币资金项目，期末余额是117.68亿元，期初余额23.46亿元。这两个数字显示，母公司（再次提醒，就是营业执照为贵州茅台酒股份有限公司的上市公司）年内增加了94.22亿元货币资产。

值得投资人关注的货币资金数据，不是股份公司本部的数据，而是合并报表数据。合并报表展示的，是公司本部及其下属子公司合计控制着多少货币资金。至于多少放在股份公司本部（母公司资产负债表里），多少放在子公司账户，那只是一个内部划拨行为罢了。

上市公司可以通过预收子公司款项或决定让子公司分配红利，轻松地将货币从子公司账户划拨至上市公司账户。之所以要划拨，通常是因为某些支出，必须以上市公司为主体，如向股东分红或者进行新的投资支出等。所以，老唐在这里要提醒新朋友，预收子公司款项，仅仅是公司内部资金划拨行为，母公司资产负债表中的“预收款项”科目没有观察价值。

“货币资金” 的详细构成

“货币资金”后面，第二列“附注”项下显示“（一）”，表示对“货币资金”项目的解释，体现在合并报表附注的第一项中。报表附注，是阅读报表的重要帮手。读者对报表里的任何项目或数字有不明白的地方，马上在PDF阅读工具里使用搜索功能，输入该项目或该数字，如“货币资金”或“25,185,009,331.68”，就可以搜索到所有与之相关的内容，从中找到该项目的解释。

“货币资金”项的明细，在报表的67页，表格里清楚地罗列了货币资金251.85亿元包含哪些具体内容，情况如下所示。

七、合并财务报表项目注释（单位：元　币种：人民币）

（一）货币资金

项目	期末数	期初数
现金	128,508.61	95,904.65
银行存款	23,732,162,082.58	22,047,383,115.84
其他货币资金	12,527,784.75	14,520,829.68
存放中央银行法定存款准备金	1,433,267,094.01	
存放中央银行超额存款准备金	6,923,861.73	
合计	25,185,009,331.68	22,061,999,850.17

使用受到限制的货币资金

项目	期末数	期初数
存放中央银行法定存款准备金	1,433,267,094.01	
不能随时支取的定期银行存款	1,760,000,000.00	

从上面的明细表里，我们看到货币资金（251.85 亿元）由使用受到限制的货币资金（31.93 亿元）和不受限制的货币资金（219.92 亿元）组成。

使用受限制的货币资金，“期初数”栏目空白，显示上年没有。也就是说，公司上年的货币资金全部是现金及现金等价物。如果读者朋友读过 2012 年的茅台财报，就会知道受限制资金是因茅台财务公司的经营而产生的。“期初数”为零的原因，是 2012 年茅台财务公司还没有开始营业。

2012 年底，茅台公司的现金及现金等价物总额是 220.62 亿元。从 2012 年的 220.62 亿元变成 2013 年的 219.92 亿元的过程，就是合并现金流量表需要展示的内容。由此，我们可以发现资产负债表与现金流量表的一个关系：现金流量表负责展示资产负债表货币资金科目里“现金及现金等价物”的变化过程。

什么是现金及现金等价物呢？阅读财报时，碰到不明术语，最可靠的不是百度，而是在财报内搜索会计政策定义。如本项目，读者在PDF阅读工具里输入“现金及现金等价物”进行搜索，可以在财报第60页找到如下定义：

现金及现金等价物包括库存现金、银行存款、其他货币资金、存放中央银行可随时支取的备付金、存放同业款项、拆放同业款项、同业间买入返售证券，以及企业持有的期限短（一般指从购买日起三个月内到期）、流动性强、易于转换为已知金额现金、价值变动风险很小的投资。

让老唐用通俗语言，解释一下上面的定义。

库存现金，是公司及子公司出纳保险柜里的现钞，包括人民币和外币；银行存款无须解释，大家都懂。

其他货币资金，指企业因指定目的而存在银行某专户里的钱。如临时到外地采购，在采购地银行开立只付不收专户里的钱；专项投资款；期限较短（通常指三个月以内）的承兑汇票或信用证保证金等。

存放同业款项、拆放同业款项、同业间买入返售证券，都可以简单地理解为金融机构之间的资金拆借。

“企业持有的期限短（一般指从购买日起三个月内到期）、流动性强、易于转换为已知金额现金、价值变动风险很小的投资”，指企业持有的三个月内到期、随时可以卖出去、能卖多少钱基本已知（价格波动小）的投资。如国债、大型企业短期债、银行承兑汇票、货币市场基金等。需要提醒各位注意，股票不算。股票不符合“易于转换已知金额现金、价值变动风险很小”的要求。

那么，货币资金里，不属于现金及现金等价物的、不体现在现金流量表里的“使用受到限制的货币资金”，指的是什么呢？表中列出了明细：“存放于央行的法定准备金和不能随时支取的定期存款”。

茅台公司只涉及这两种。在各位遇到的其他公司报表里，可能还有被司法机关冻结的存款；被质押的存款；根据借款合同约定的某账户中必须保持的最低存款余额；公司信用卡账户存款；为了开具银行本票、银行汇票、银行承兑汇票、信用证而存入银行的保证金；保险公司的资本金存款等，也算使用受到限制的货币资金。总之，凡是不能随时支取的货币资金，都不算现金及现金等价物。

存放于央行的准备金，指的是金融机构（银行、财务公司等）存放于央行的钱，一般工商企业是没有的。准备金也分法定准备金和超额准备金。法定准备金，是吸收到存款后，必须按照央行规定比例存于央行的，不可以随时支取，不属于现金等价物；超额准备金，是金融机构自愿存于央行收利息的钱，可以随时支取，属于现金等价物。

存在其他金融机构的定期存款，有些到期才能支取，有些只需提前通知金融机构就可以支取。后者算现金等价物，前者不算。当然，此处也有灰色地带：有些定期存款，公司可以和金融机构约定一个双方都同意不会实施的“通知即可支取”条款，可以改变资金性质。

这里，请读者朋友注意一个细节：承兑汇票保证金、信用证保证金，究竟算成“现金及现金等价物”科目里的“其他货币资金”，还是算成“使用受到限制的货币资金”，公司会计有一定的自由决定权。按照中国注册会计师协会的意见（不是规定），票证到期日在三个月内的，保证金建议视为现金等价物；超过三个月的，建议视为受限制的货币资金。实践中，有视为现金等价物的，也有视为受限货币资金的。

母公司资产负债表“货币资金”数额，与合并报表“货币资金”数额的差额，是下属全资子公司或控股子公司账户里的货币资金。如茅台，截至2013年12月31日，有134.17亿元（251.85－117.68）的货币资金在下属子公司账户里。而2012年12月31日，则有197.16亿元（220.62－23.46）货币资金在下属子公司账户里。

“货币资金”项目会暴露的投资陷阱

对公司而言，通常有三种途径可以产生货币资金。①发售股票或举债；②出售资产或业务部门；③经营活动的现金流入持续大于现金流出。符合第三种情况的公司，通常都具有某种持续性竞争优势。

对于货币资金的分析，老唐坚持一个基本原则：货币资金需要与短期债务及经营需要相匹配。与短期债务的匹配情况，代表企业的偿债能力。与经营需要的匹配情况，代表企业的资金运用能力。

货币资金过小，则可能代表偿债能力不足，或者经营中捉襟见肘。货币资金过大，则代表资金运用能力较弱，或者可能资金性质有问题。

依据以上原则，实践中投资者要注意以下四种情况：

（1）货币资金余额比短期负债小很多；

（2）货币资金充裕，却借了很多有息甚至高息负债；

（3）定期存款很多，其他货币资金很多，流动资金却严重缺乏；

（4）其他货币资金数额巨大，但没有合理解释。

正所谓“事有反常必为妖”。以上状态中，情形（1）可能代表公司有短期偿债危机，情形（2）（3）（4）则意味着貌似充裕的货币资金，可能存在虚构、冻结，或者早就被大股东占用，只是在报表日前几天回到公司账上，过后又会消失。这几条，都是老唐排除公司的重要准则。

如茅台公司，没有有息负债（财务公司吸收存款，而后存入其他金融机构赚息差的钱，可以不算有息负债）；经营活动中持续产生大量现金流入；投资计划加分红计划，累计不超过百亿；账上保留着超过200亿现金及现金等价物，属于典型的资金运用能力低下。这可以视为公司价值评估中的扣分项。

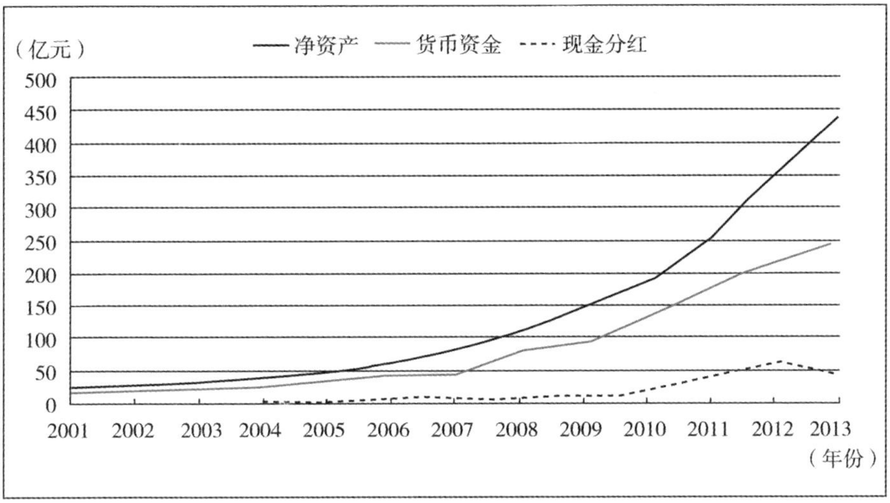

图2－1　贵州茅台上市以来货币资金变化

第二节　经营相关资产

市场因分工和交换而产生。一家企业在市场中生存，必然会通过商业活动和其他单位或个人发生往来。这些往来，要么现钱现货，要么以应收票据和应收账款形式存在。前者产生现金流，后者产生应收应付。这是营业收入与现金流入、应收票据应收账款之间的关系。

老唐在这里要提醒读者一点，凡是涉及增值税的企业，应收票据、应收款项和收到的现金里，都包含代税务局收的增值税。因而资产负债表的应交税费科目里，也包含代收的增值税。但利润表里的营业收入，是不记录增值税的。在计算他们之间关系时，不能忽略了增值税。

知识链接：增值税

增值税是中国第一大税种，它的75%归中央政府所有，25%归地方政府所有。2013年国内增值税总额2.88万亿元（不含进口部分），占当年政府税收总额的26%。

增值税是流转税，无论是否盈利，只要涉及商品生产、批发、零售和进口活动，都要缴纳增值税。简单说，你用100元采购原料，经加工后150元卖掉。中间的50元，就是增值额。无论这部分增值额是否足以覆盖其他成本，均不影响税务局按照法定税率对你征收增值税。

增值税是价外税。价外税指公司采购时支付增值税，不计入成本；销售时收来的增值税，也不计入收入。通俗一点说，就是义务帮税务局跑腿儿。

对上市公司而言，增值税率主要有17%、13%和0三档。在阅读财报时，你可以在搜索栏中输入“增值税”搜索，找到公司商品或服务对应的增值税率。但老唐要提醒各位读者注意，17%是商品售价的17%，不是商品售价和增值税总和的17%。例如，贵州茅台酒如果按照819元/瓶出厂，其缴纳的增值税不是819×17%＝139.23元，而是819÷1.17×17%＝119元。茅台公司收到经销商交来的119元增值税后，扣下自己采购过程中支付的增值税，将差额和供应商开给的增值税票，一起交给税务局。

增值税对商品征收，营业税对服务征收，理论上不会重复征收。当前政府正在推动营业税改增值税。未来的趋势是增值税逐步替代营业税，对商品和服务统一征收。

应收票据

几乎每家上市公司报表里都有应收票据。哪怕是茅台这种一贯都是客户提前打款、排队等货的企业，也可能因某些原因（如照顾老经销商资金调动的偶尔不方便）收下一些票据。对于销售方而言，销售产生了“应收票据”；对于购货方，负债栏目中便产生“应付票据”。

应收票据科目下的票据，可能是银行承兑汇票，也可能是商业承兑汇票，两者代表的含义大不同。

银行承兑汇票，是由银行承诺兑现的，到约定期限，持票方确定可以拿到现金的票据。考虑货币的时间价值（假设市场资金成本为月息1%，则一个月后的100万元现金，约等于今天的99.01万元），银行承兑汇票的价值略低于同等面值的现金。收到银行承兑汇票的企业若急需用钱，可以打个折扣，向任意一家银行换取现金，这种行为被称为“贴现”，折扣率被称为“贴现率”。

知识链接：贴现

银行承兑汇票贴现是银行的一项资产业务，汇票的支付人对银行是负债，两者实际上是一种间接贷款关系。它分为贴现、转贴现和再贴现。

贴现：指持票人在汇票到期前，为了取得资金，贴付一定利息将票据收款权转让给银行的行为。贴现是银行出借资金的方式之一。

转贴现：指银行在资金临时不足时，将已经贴现但仍未到期的票据，交给其他银行或贴现机构获取资金的行为。

再贴现：指中央银行通过买进银行持有的已贴现但尚未到期的票据，向银行提供资金支持的行为。

贴现率：在人民银行现行的再贴现利率的基础上上浮。贴现率是一种市场价格，由双方协商确定，一般不会超过现行贷款利率。

由企业开出的商业承兑汇票，可信度就没有银行承兑汇票那么高了。能否按期足额兑付，取决于开票企业的财务状况和诚信度。

理解了银行承兑汇票和商业承兑汇票的不同，通过查看“应收票据”的组成，投资者便可以大致了解公司的销售政策及市场地位。以茅台公司为例，具体如下所示。

（二）应收票据

种类	期末数	期初数
银行承兑汇票	296,084,005.00	204,079,117.80
合计	296,084,005.00	204,079,117.80

由上表可知，茅台公司的应收票据全部由银行承兑汇票组成，证明企业地位强势，产品抢手。反之，如果里面有大量的商业承兑汇票，则说明企业采用相对宽松的销售政策。如果企业的应收票据一直是由银行承兑汇票组成，某年商业承兑汇票突然大量增加，就证明企业的产品或服务的销售遇到了困难，开始放松销售政策。

因为票据可以贴现、转贴现和再贴现，于是就产生了票据交易市场。正常情况下，持票人将持有的票据贴现给银行，获得流动资金，银行也有利可图。当银行资金紧张时，便进行转贴现。其他资金头寸充裕的银行，会到票据市场上买票据，相当于迅速放出一笔贷款。所以，票据贴现是银行一块挺大的业务。然而，如果一家非金融企业报表里有与正常经营规模不匹配的应收票据，那么，这家公司很可能是在票据市场当炒家，也算是不务正业，投资者需要对其提高警惕。

应收账款

应收账款就是赊销，也叫“白条子”。现如今，大部分产品都是买方市场，通行的模式是买家先拿货，一段时间后（称之为“账期”）付款。在这种模式下，对销售方而言，就产生了“应收账款”；对购货方而言，在负债一栏就产生“应付账款”。这样的市场环境下，还能够做到先收钱后给货的企业，或者现钱现货的企业，投资者在估值时，是可以给予加分的。

一家企业有销售发生，要么收了现金，要么收了票据，要么就变成了应收账款。总体来说，就公司经营稳健度和产品竞争力而言，从优到劣，可以排序为现金、银行承兑汇票、商业承兑汇票、应收账款。

应收账款的陷阱

买东西的人没给钱，但按照权责发生制的会计规则，签了合同交了货，基本就可以确认收入，产生利润了。利用这一原则，有些公司会因为某些原因放货出去，以增加应收账款，虚增收入。正所谓白拿谁不拿，不拿白不拿，这样放货当然很容易创造收入。但从企业股东的角度看，这无疑是危险行为，很容易使公司产生巨额损失。曾经的优质股四川长虹，就是这样倒在高达45亿元的应收款上。该公司一次性产生了37亿元坏账，把多年累积的“利润”一次赔了个精光。

因此，如果一家企业应收账款大幅增长，增长幅度超过同期收入增长，应收账款回款速度低于行业平均水平，或呈现明显下降趋势，往往预示着两种可能：公司临时放宽了信用政策，加大赊销力度；或公司提前确认收入甚至虚构收入。

另外，如果公司应收账款占收入的比例比较大，且有很大部分（如超过三成）是一年以上应收款，此种情况下，投资者就需要警惕公司收入的真实性。

还有一种需要投资者警惕的情况，且容易被一般的财报阅读者忽略——那就是应收账款非常低。嗯？老唐，没有应收账款还不好？

财报数据的分析，要结合公司的商业模式考虑。如果一家众所周知先款后货或现款现货的企业，没有应收款或应收款很低，当然是极好的。若是产品名不见经传，市场竞争激烈，同类替代产品多如牛毛，居然也没有应收款。那会是什么情况？收入造假！

当年的蓝田造假案，便是由此原因引发财报分析人士怀疑的。蓝田股份是卖水产品的企业，年收入近20亿元，基本现款现货，应收账款只在百万级别晃悠。财报分析人士就问："这么多钱为什么不走银行呢？"公司回答："我们那里偏僻，要办银行结算，必须要去70公里外，而水产品都是在基地买活的，所以就现钱现货了。"分析人士就继续问："你一年20亿元的交易，居然没有银行去你家镇上开设分支机构？这个数额，就算把分行开你家池塘边，银行也得挤破头吧？"这样尖锐的问题，公司当然无言以对。

应收账款明细

投资者如果想了解应收账款的明细构成，同样可以输入"应收账款"进行搜索。例如，通过搜索，可以发现茅台公司2013年财报68页显示为：

（四）应收账款：

1. 应收账款按种类披露：

种类	期末数				期初数			
	账面余额		坏账准备		账面余额		坏账准备	
	金额	比例（%）	金额	比例（%）	金额	比例（%）	金额	比例（%）
按组合计提坏账准备的应收账款：								
账龄分析法	5,657,324.03	100.00	4,730,101.24	83.61	22,213,612.03	100.00	4,395,464.76	19.79
组合小计	5,657,324.03	100.00	4,730,101.24	83.61	22,213,612.03	100.00	4,395,464.76	19.79
合计	5,657,324.03	/	4,730,101.24	/	22,213,612.03	/	4,395,464.76	/

组合中,按账龄分析法计提坏账准备的应收账款:

账龄	期末数			期初数		
	账面余额		坏账准备	账面余额		坏账准备
	金额	比例(%)		金额	比例(%)	
1年以内小计				16,597,595.99	74.71	84,797.52
1至2年	41,307.99	0.73	4,130.80	770,032.00	3.47	77,003.20
2至3年	767,712.00	13.57	230,313.60	4,412.00	0.02	1,323.60
3至4年	4,412.00	0.08	1,764.80	1,000,000.00	4.50	400,000.00
4至5年	1,000,000.00	17.68	650,000.00	26,376.00	0.12	17,144.40
5年以上	3,843,892.04	67.94	3,843,892.04	3,815,196.04	17.18	3,815,196.04
合计	5,657,324.03	100.00	4,730,101.24	22,213,612.03	100.00	4,395,464.76

2. 本报告期应收账款中持有公司5%(含5%)以上表决权股份的股东单位情况。
本报告期应收账款中无持有公司5%(含5%)以上表决权股份的股东单位的欠款。

常识告诉我们，应收账款拖欠的时间越久，变成烂账的概率就越大。出于谨慎原则，会计准则要求公司对应收账款必须计提坏账准备。搜索“坏账准备”，会在财报第61页发现一个计提坏账准备的规则，如下所示：

(十) 应收款项:
1. 单项金额重大并单项计提坏账准备的应收款项:

单项金额重大的判断依据或金额标准	单项金额在500万元以上且占期末净资产的1‰以上
单项金额重大并单项计提坏账准备的计提方法	根据其预计未来现金流量现值低于其账面价值的差额，单独进行减值测试，计提坏账准备

2. 按组合计提坏账准备应收款项:
组合中，采用账龄分析法计提坏账准备的:

账龄	应收账款计提比例说明	其他应收款计提比例说明
1 年以内（含 1 年）	5%	5%
1—2 年	10%	10%
2—3 年	30%	30%
3—4 年	30—50%	30—50%
4—5 年	50—80%	50—80%
5 年以上	100%	100%

组合中，采用其他方法计提坏账准备的：

组合名称	方法说明
关联方（包括控股、参股子公司）	不计提坏账准备
备用金	不计提坏账准备

这份坏账准备比例表达的意思是，一年内的 100 万元应收账款，公司会把它当作 95 万元的资产；若是欠了两到三年的应收款，100 万元只能当 70 万元算；至于 5 年以上的 100 万元应收账款，在资产负债表里的价值视为零。计提的坏账准备，在资产负债表，是一种资产损失，减少公司资产账面值；在利润表是一种费用，需要从当期的利润表里减去，降低企业当期利润。

同时，公司还会为单项金额在 500 万元以上且占净资产超过千分之一的应收账款，单独进行减值测试，单独计提坏账准备。

需要注意的是，无论部分损失入账或是全部损失入账，并不影响这笔债权的存在。对公司而言，这笔账依然有权追讨，也需要追讨。一旦在某年公司将这笔欠款收回来了，实际收到的钱和报表上账面价值之间的差额，还可以回到利润表“资产减值损失”科目冲抵，从而增加利润。很不幸，这个本来出于谨慎的规则，也被资本市场玩家演化为操纵利润表的热门手段之一：积极计提坏账准备，降低本期利润；

下期收款转回，获得财报利润增长。

大部分公司，都是用类似茅台这种账龄分析法加单项减值测试法来计算并提取坏账准备的；也有一些公司使用的是余额百分比法（不区分时间，直接对总数提一个百分比）；近来还有采用摊余成本估算的（摊余成本概念，将在投资相关资产里解释），方法众多。

坏账计提标准

在报表里输入“应收账款”搜索，可以在报表附注中找到自己关注的公司使用应收账款坏账计提的比例。请注意，不同的行业，使用的坏账计提比例可能不同。甚至同一个行业里，不同公司的计提比例也可能不同。此处老唐随便列两个行业几家公司的计提比例，你就能发现其中巨大的差异。

表 2－1　不同行业上市公司针对应收账款计提坏账准备的比例（单位:%）

应收账款账期		1 年内	1—2 年	2—3 年	3—4 年	4—5 年	5 年以上
汽车行业	潍柴动力	5	15	30	50	80	100
	宇通客车	5	10	20	40	60	100
	江淮汽车	5	10	30	50	80	100
	江铃汽车	0. 5	0. 5	0. 5	0. 5	0. 5	0. 5
	福田汽车	1	5	10	20	40	40
施工行业	中国建筑	5	10	20	50	50	100
	安徽水利	5	8	10	50	50	50
	中国化学	0. 5	3	10	20	50	80
	中国电建	1	2	10	20	20	80
	宁波建工	3	10	15	20	20	20

坏账准备是需要从当年利润里减去的。计提越少，意味着企业当年将会产生出更多的“利润”。如果你关心企业利润的质量，那就必须关

心公司的计提标准。一般来说，计提标准越严格的公司越值得信赖。至于同行业内的公司为何会有这么大的不同，只有致电公司详细咨询了。

虽说计提标准越严格的公司越值得信赖，但如果公司的标准一贯宽松，突然严格，也可能是破罐子破摔，意图“洗大澡”做低增长基数，或为了次年转回坏账准备、美化利润表打算；同样，一贯严格，突然变得宽松，美化当年利润的意图也很明显。请投资者牢记：公司改变会计政策（含会计估计）是大事儿，遇见这种情况，一定要打起精神思考原因和影响。

老唐在这里要跟各位读者强调一句，报表里汇报的应收票据、应收账款、其他应收款、预付账款等数据，都是已经减过坏账准备后的净值。

应收账款造假

因为知道投资人警惕大额应收账款，有些公司会以客户名义打一笔现金进来，冲销数额巨大或账期过长的应收账款；然后，再把这笔钱通过其他应收款、预付款、购货款等名义，从公司转出，从而将和经营有关的应收款，变成与经营无关的其他应收款、预付款或存货。因而，如果应收款长期挂账的企业，突然有了一笔大钱解决了应收账款问题，投资者仍然要观察企业是否新增了其他异常支出。

当然，在流动资产项目里造假，属于比较低级的造假手段，容易被识破。比较高级的造假，是将应收账款收回，利用在建工程、购买无形资产、长期股权投资等活动将资金流出，然后光明正大地通过折旧、摊销或减值完成“毁尸灭迹”，这很难被查出来。正所谓江湖处处有陷阱，所以，才会江湖越老，胆子越小！

预付账款

预付账款，是预付给供货单位的购货款，或者预付在建工程价款等。对于收钱的公司，便是负债端的“预收账款”科目。

一家公司，如果经常需要预付大量款项给供应商，一般说明企业在整个商业生态链上地位不高或信用不好。预付款，无论是针对在建工程的预付款，还是给供应商的预付款，都可能成为企业造假的重要资金出口。当你发现公司预付账款大幅增长，尤其是预付工程款或预付一些专利技术或非专利技术的采购款大幅增长，则企业很可能是通过预付款流出资金，然后以营业收入的面孔，将资金重新流回公司虚增利润。

除了预付的数量问题，还要注意预付款的时间问题。长时间挂账的预付账款，很可能并不是什么采购，而是以此名义将上市公司资金挪为他用。因为正常经营中，不会有企业真傻到本不着急要货，却提前很多天把钱打给别人。

投资者需要持续关注公司历年预付款占营业收入或营业成本的比例。如果该比例发生大幅波动，就需要寻找合理解释。无法找到合理解释的，投资者就要考虑防假、防雷措施。

应收利息和应收股利

应收利息，是公司持有各类债权期间应该收到的利息。应收股利，是公司持有股权期间应该收到的其他公司分配的股利。与之对应的另一方，便是负债端的“应付利息”和“应付股利”科目。这两个都很简单，一看就懂，此处不再多讲。

其他应收款

其他应收款，通俗讲就是一个垃圾筐。所有跟主营业务无关的应收款，企业都会放进这个栏目。企业可能用它隐藏短期投资，截留投资收益；可能用它转移资金，如大股东占用上市公司资金；可能用它来私设小金库，将款项源源不断地转移到账外；可能用它来隐藏利润或费用，调节报表。与之相对应的，便是负债方的“其他应付款”。

优秀上市公司有个特点，就是“其他应收款”和“其他应付款”科目涉及金额极小，甚至为零。投资者如果发现这个科目的数字比较大，可以先抱着公司经营不够规范的初步印象来看财报。

还有，如果企业账上没几个钱，还容忍大量应收账款和其他应收款存在，投资者可以直接怀疑应收款造假。道理很好理解，自己穷得揭不开锅，哪有大把钱借给别人。事反必妖嘛。

看这个项目的时候，老唐心中最为感慨的，是想起巴菲特的搭档查理·芒格解释他不喜欢律师行业的原因。芒格老先生说：“律师这行有个固有的缺点，就是你喜欢与之共事的人通常不会被卷入法律纠纷，而需要你帮助的人则通常是那些在品德方面有瑕疵的人。”老唐猜测，正是因为和“品德方面有瑕疵的人”打交道的不良记忆，才使得芒格在投资行业里，倾向于和好公司打交道。他愿意付出合理的价格买入好公司，而不愿意像格雷厄姆和早期的巴菲特一样，去垃圾堆里翻便宜货。正是芒格的这种思想，影响和改变了巴菲特的投资体系，成就了股神的巅峰神话。

长期应收款

长期应收款，是2007年新增的报表科目。指企业融资租赁产生的应收款项和采用递延方式分期收款，实质上是具有融资性质的销售商品和提供劳务等经营活动产生的应收款项。

专业定义实在太绕口，老唐下面就用非专业语言解释一下“融资租赁”和“递延方式分期收款”这两个概念。所谓融资租赁，就是公司买个大件（如挖掘机、大货车、厂房、机床等）租给需要用这个东西的企业 A，双方约定 A 每年或每月支付多少租金，N 年或 N 月后，按照某价格把旧设备或厂房卖给 A。租金加上旧货成交价之和大于最初买价的部分，相当于是 A 为这笔借款支付的利息。

所谓递延方式分期付款，就是虽然看上去是分期付款销售商品，但后面欠的钱约定有利息，相当于借了一笔款给对方。或者索性可以理解为公司卖了货（或提供了劳务）给企业 A，收到全部款项后，又把这笔款子借给 A 用，然后 A 按约定利率付息。

以上两种变相融资行为产生的应收款，就按照规定单独列在“长期应收款”科目里。若企业是借款的那一方（公司 A），该项目则显示在负债端的“长期应付款”科目里。

存货

存货是企业以出售为目的持有的商品、处在生产过程中的在产品以及相关原材料等。报表展示的存货成本，主要由原材料、工人工资、制造费用构成。

原材料和工人工资都容易理解。制造费用，是企业生产车间为生产产品或提供劳务而发生的工资福利、折旧费、修理费、办公费、水电费、备件材料消耗、劳保、季节性或修理期间的停工损失等费用。它会被财务人员分摊到单个产品上，进入存货成本。

利用存货造假的手法

上市公司通常按照成本和可变现净值中较低者计算存货价值。也有些公司，为虚增当期利润，故意不对已经贬值的存货计提跌价准备，减少当期费用。因此，如果一个行业的存货有贬值特性，投资者就需要了解同行业其他公司对存货计提跌价准备的标准，再与自己关注的公司进行比对，以衡量公司存货价值的真实性。

需要提醒投资者的是，有些行业的存货风险要高很多。如新鲜食品或高科技制造业，一旦过了保质期或者行业发生重大改变，存货价值可能会归零（想想过期食品饮料、BB 机、胶卷及胶卷相机）。而有些行业的存货，基本不存在计提存货跌价准备的问题，如高端白酒。这些特性，需要投资者在跟踪自己心仪公司的时候，依照公司产品特性，区别对待。

除了应该计提跌价准备而不计提之外，与存货有关、容易出问题的地方还有两种：一是通过虚构商品采购流出资金，再将资金流回企业、虚增利润；二是通过加大生产，降低单位产品的成本，从而欺诈性地提升毛利率，虚增本期利润。

第一种容易理解，造假者尤其喜欢通过虚构价值和数量不易确定的商品采购，将资金流出体外，再通过购买本公司产品或服务的形式将资金流入，创造收入和利润。这种造假，往往伴随存货增长大幅超过同期营业成本增长幅度，且所备存货与企业销售速度相比，显著高于同行业水平。

第二种情况理解起来稍有难度。下面老唐具体解释一下加大生产如何能够虚增利润。

资产负债表的存货项目之所以能够影响利润表的毛利率、毛利润和净利润，是因为存货的变化遵循“期初存货 + 本期生产（购买）－本期销售 = 期末存货”的计算规则。即本期生产的商品，先进入存货，然后再从存货拿出来，变成本期销售。

一家公司总有些成本和生产量无关，无论你生产一件产品还是一万件产品，都需要如数支付这一成本。如场地租金、生产人员基本工资、设备的折旧等。而另外有些成本，则和产量直接挂钩，多一件产品就多一份成本，如材料成本、效益奖金等。前者通常被称为“固定成本”（或“上头成本”），后者通常被称为“可变成本”（或“直接成本”）。

成本由固定成本和可变成本组成的特性，使得规模经济成为可能。大规模生产商可以将固定成本分摊到更多的产品上，使单位产品成本低于小规模生产商，在保持同样利润率的情况下，可以让利消费者获得市场竞争优势。

这种特征，同样被造假者利用来美化报表，老唐就用一个简单的例子来展示这种造假手法。

案例：

公司 A，去年生产并销售了产品 1 万件。总生产成本为 200 万元，其中固定成本 100 万元，可变成本 100 万元。单件产品成本为 200 元，其中固定成本和可变成本各 100 元。出厂价 400 元，毛利率 50%。

今年预期市场没有变化，订货量还是 1 万件。公司管理层出于某种目的，意图美化利润表，于是决定：今年生产产品 2 万件。2 万件产品，共计消耗固定成本 100 万元，可变成本 200 万元，合计总成本 300 万元。折合每件产品成本 150 元，其中固定成本 50 元，可变成本 100 元。

各位读者，接下来，就是见证奇迹的时刻！

公司今年还是销售了 1 万件，出厂价依然是 400 元，然而产品成本由 200 元锐降为 150 元，毛利率从 50% 提升为 62.5%，毛利润增加 50 万元，增幅高达 25%。财报数据会展示出一幅企业深化管理，内部挖潜，大力降低成本，为股东创造利润的欣欣向荣的景象。

只须使劲儿生产而无须努力销售，毛利润居然增加了。奇迹是如何发生的？奥妙就在生产的产成品，首先要全部计入存货，而后再按照当期销售的数量，体现在利润表的营业成本里。企业通过扩大生产，将固定成本打入更多的存货里，表面上降低了当期销售产品的成本，提高了毛利率，增加了利润。但这个利润增加，是以存货增加、当期税收增加为代价的数字游戏，是实实在在的自欺欺人。丢开报表看实质，企业的价值非但没有增加，反而可能因存货积压带来存储成本增加、减值准备增加，甚至会因产品过时而产生存货价值归零的风险。

因而，毛利率的提升，既有可能真的是产品竞争力提升或生产成本下降的表现，也可能是因产成品库存增加造成的。如果是产品竞争力的提升，可能伴随着产品在市场的旺销或提价；如果是生产成本的下降，则需要了解同行业是否有近似水平的下降。如果仅仅是因产成品库存增加造成毛利率提升，投资者就需要警惕财务欺诈了。这种现象在固定成本比较高的行业比较多，但固定成本低的行业同样可能出现——北方某白酒公司的最新财报，就展示了这样的操作。

存货的计价方式

因为生产（或采购）的产成品首先要全部计入存货，而生产成本可能因为物价变化等多种原因各期不同，所以，存货销售时，采用什么规则出仓库，也能显著影响利润表的营业成本。

在茅台财报中输入“存货的计价方式”进行搜索，可以在财报里找到公司采用的存货政策。常用方法有先进先出法、后进先出法、加权平均法和个别计价法。借用网络流传的通俗化解释如下：锅里有新饭有剩饭，你先吃剩饭，就是先进先出法；你先吃新饭，就是后进先出法；你把它们搅和在一起吃，就是加权平均法。至于个别计价法，则用于那些不能替代使用的存货，或者为特定项目专门购入（生产）的存货及劳务。最新的会计准则，建议企业使用除了后进先出法以外的其他方法。

这部分内容，很多财务书籍会讲厚厚一叠。老唐认为，对投资者而言，公司采用任何方法都不重要。拉长看，规则不变，影响可以忽略，因而无须浪费时间。只有在公司突然改变存货计价方法时，投资者才需要打起精神，仔细思索改变的原因和产生的影响。老唐一直反复强调，任何会计政策的改变，都需要投资者高度重视。

阅读延伸

高端白酒为什么不需要计提跌价准备

说高端白酒不需要计提跌价准备，并不是说高端白酒的市场价格不会下降。而是首先因为其产品保质期长，甚至伴随着时间推移，品质和价格会逐步提高；其次是因为高端白酒毛利率高，存货的入账成本远低于销售价格。无论产品市场售价如何波动，也不具备跌至存货成本以下的可能。这一特点使得高端白酒企业无须考虑存货跌价准备的问题。

下表以贵州茅台存货数据为例进行说明。

年份	生产量（吨）	销售量（吨）	库存量（吨）	库存总值（亿）	单瓶成本（元）
2000	5397	3355	23328	5.1	10.3
2001	7317	4440	25681	7.9	14.5
2002	8640	4477	29247	10.8	17.4
2003	9757	5608	32728	12.2	17.6
2004	11522	6500	36995	16.9	21.5
2005	12500	7356	41296	18.6	21.2
2006	13839	7300	46879	19.8	19.9

续表

年份	生产量（吨）	销售量（吨）	库存量（吨）	库存总值（亿）	单瓶成本（元）
2007	16865	8640	54002	23.1	20.1
2008	20431	9558	63577	31.2	23.1
2009	23004	10380	74677	41.9	26.4
2010	26284	10141	89004	55.7	29.5
2011	30026	11250	105624	71.9	32.0
2012	33600	14800	121936	96.7	37.3
2013	38452	15500	141990	118.4	39.3

（1）数据仅仅涉及茅台酒，不包括系列酒的产销存量。

（2）2000年库存量数据依据茅台公司公开披露数据计算所得。

（3）其中有6年的销售量数据是老唐通过计算的推测值，它们是2004年、2006年、2007年、2009年、2012年、2013年。其他数据来自年报及公司披露的其他公开信息。

（4）库存总量，按照2%假设了损耗。此假设与真实损耗的误差，可能会带来千吨级别的差异，不影响结论。

（5）库存总值里未去除近年增加的系列酒库存。考虑到总值里包含部分系列酒，茅台酒单瓶成本实际上是略低于表格计算结果的。

（6）因为单瓶茅台酒库存成本仅不足40元，而目前含税出厂价为819元。两者差距巨大，因而无须计提存货跌价准备。

（7）由于茅台酒需要库存五年，且市场价格远高于生产成本，因而存货的增加，对公司而言，就是实打实的价值增加。理论上，公司应该尽最大可能生产，无论当期是否有销售。事实上，公司也是这么做的。

（8）正因为如此，利用存货周转率之类的财务分析指标分析茅台公司时，如果简单套用教科书公式，会产生严重的误导。老唐个人引用成品酒库存量为公式所需的存货数量。

生物资产：造假高发区

存货里面，还有一种很好玩也很容易造假的东西，老唐顺带介绍一下，即生物资产。茅台2013年财报第42页“合并资产负债表”中，有下面这么一栏。

生产性生物资产			

如上表所示，该科目中数字空白，证明公司没有这个东西。这东西一般出现在农、林、渔、牧行业，包括动物、植物，如猪牛羊、鲤鱼王八、鲍鱼海参、蔬菜树木等。

如果这些东西是用于生产的，需要在资产负债表的“非流动资产”里单列“生产性生物资产”汇报；如果是用于消耗的，就算进存货，同样要计提折旧。简单说，一头猪，如果是母猪或种猪，算生产性生物资产；如果是准备出售的肉猪，就算消耗性生物资产，是存货。

生物资产的价值判断存在很大的难度。猪、牛、羊、兔也许还可以大致清点一下，水里的鲤鱼、王八、鲍鱼、海参，不但难以盘点数量，没办法测量大小，甚至连是否存在也不好确定，只能根据相关票据及经验判断，因而成为造假的高发地带。当年轰动股市的蓝田造假案，造假者就是指着20万亩湖水告诉会计师：“这下面有N万吨王八鱼虾，且由于本公司高科技养殖技术，王八鱼虾的繁殖率和生长速度，比同处于湖北的同行业上市公司高很多。所以，我们的每亩产值是他们的10～30倍。你做账吧！”

生物资产做了假账，之后填坑也很容易。需要的时候，公司可以直接告诉会计师，王八发瘟病，死光了，连王八蛋也没留下。死了，尸体呢——尸体烂在湖底了。

同时，消耗性生物资产的减值准备，也可能成为农、林、渔、牧公司调节利润的手段。公司会告诉股东，最近口蹄疫横行，因而公司库存猪牛羊需要计提减值准备，使当期利润减少。下期报表告诉你，没事儿，口蹄疫并没有影响咱家的猪牛羊，堂而皇之地将计提的减值准备转回，利润又魔术般地增加了。

所以，老唐提醒各位读者，农、林、渔、牧行业是造假高危区域。历史经验证明，除了农、林、渔、牧，软件、集成电路、生物科技也是造假高危区域。

为什么这些行业是造假高发地呢？具体分析，这些行业大致有这么几个共性：税收优惠多；产品不易核查；产品差异大，不易找到价格参照物；产品有没有移交或交货量的大小不易监控。

吹牛不上税，但造假收入税务局要抽税，这就有了造假成本之说。因而税收政策有减免的领域，由于造假成本低，必然容易产生造假。如农、林、渔、牧行业大部分免征所得税，小部分减征所得税；软件、集成电路、生物科技等行业，一般会享受高科技行业的15%所得税率。高科技企业容易产生技术转让收入，可以享受免征或税率减半。软件企业的销售还可以享受增值税超过3%部分即征即退的优惠等。

此外，这些行业的产品都很个性化，价格差异也大。同样一张光盘，一套软件，从数元到数亿元都正常；同样是鲍鱼，几元到几千元一只都不离奇；集成电路，垃圾和宝贝都长一个模样；至于生物科技嘛，可能审计师也只能看看外包装，至于里面究竟是咖啡、可乐还是疫苗、配方、高分子，只能听公司专家说……

总之，对这类公司有兴趣的投资者，必须格外警惕。

本节要点

科　目	重点关注
应收票据	银行承兑汇票和商业承兑汇票的不同意义
应收账款	应收账款增长幅度及坏账准备计提政策
其他应收款	越小越好，为零最好
存货	存货和营业成本的合理比例

第三节　生产相关资产

本节谈固定资产、在建工程、工程物资、无形资产、商誉、长期待摊费用和递延所得税资产（负债）等科目。这些资产，主要由每年现金流量表里“购建固定资产、无形资产和其他长期资产支付的现金”累积而成。

固定资产

固定资产指公司为经营而持有的，使用寿命超过一年的、价值比较大的非货币性资产，包括房屋、建筑物、机器、机械、运输工具以及其他与生产经营活动有关的设备、器具、工具等。

对于这个科目，作为投资者，知道以下5点足矣。

（1）固定资产要计提折旧。买资产的时候，已经付钱出去了，但这个购买成本要摊在资产的生命周期里。因此，虽然不用付现金出去，但折旧要作为公司当期经营的费用，从利润表里扣除。

（2）除了折旧，固定资产年末（或季度末）还需要进行减值测试。由于资产市价的持续下跌，或技术陈旧、损坏、长期闲置等原因，导致资产可变现价值低于账面价值的，按照差额计提减值准备。减值准备也是要从利润表里扣除的，且一旦计提减值，以后不可以再转回来。

（3）折旧政策有好几种（年限平均法、工作量法、双倍余额递减法和年数总和法等），公司使用哪种，对投资者而言，无须深究。但如果公司某年突然改变折旧政策，投资者就一定要小心，此时，必须搞懂公司为什么改，改得合理与否，改了以后会带来什么利益。

投资者在财报里输入“固定资产的折旧方法”，就可以找到该公司采用的折旧及减值政策，如茅台年报第63页显示为：

固定资产以取得时的实际成本入账，并从其达到预定可使用状态的次月起，采用直线法（年限平均法）提取折旧。

2. 各类固定资产的折旧方法：

类别	折旧年限（年）	残值率（%）	年折旧率（%）
房屋及建筑物	20	5	4.75
机器设备	10	5	9.5
电子设备	5	5	19
运输设备	5	5	19

3. 固定资产的减值测试方法、减值准备计提方法

期末或年度终了，对固定资产逐项目进行检查，如果由于市价持续下跌，或技术陈旧、损坏、长期闲置等原因导致其可收回金额低于账面价值的，按照可收回金额低于账面价值的差额计提固定资产减值准备。固定资产减值准备按单项资产计提。

（4）因为折旧算费用，需要从利润表里扣除，会减少当期利润，从而减少当期所得税，所以，优秀的公司一般倾向于使用快速折旧的方法，以增加前期费用，减少前期利润。将利润推到以后年份去，使纳税义务推后，相当于获得税务局给的免息贷款。相反，一些今日不管明日事的公司，则倾向于拉长折旧时间，尽可能减少当期费用，做

大当期利润，好在资本市场做些其他勾当，并愿意为此提前交税。

（5）折旧并不意味着资产真的产生损失了。有些固定资产年年折旧，账面价值极低甚至归零。但事实上，它们可能随着时间的推移，实际价值或者没有那么大降幅，或者还在增值。想想水电企业的大坝、白酒企业的酒窖或企业购买的城区房产，便很容易理解这一点。这块资产常常是报表里潜伏的公司价值。这种潜伏价值，因其容易成为股价的催化剂而被许多投资人关注。

在建工程和工程物资

在建工程，如同字面意思，正在建设的工程。在建工程是个中转站，一边消耗“工程物资”，一边创造“固定资产”。一旦建好了，就该转成固定资产。

在建工程不需要计提折旧，因此，如果一家公司在建工程数目巨大，迟迟不转入固定资产科目，投资者一般就需要对其持怀疑态度。出现此种情况存在两种可能性：一种可能性是工程已经完工并投入使用了，但公司为了避免折旧，美化当期利润，而不将其转入固定资产。另一种可能性就更糟糕了。有些公司，通过在建工程将公司的钱支付给虚构或关联的供应商，然后再以采购公司商品或服务的名义，变成收入流回公司。这种在建工程，最后往往通过大比例折旧或者以意外损毁等名义，计提高额减值损失，光明正大地“毁尸灭迹”。

工程物资，即为了在建工程而准备的物资，此处不再赘述。

无形资产

无形资产，包括专利权、商标权、著作权、土地使用权、特许权、版权和非专利技术等。无形资产是资产，所以也需要和固定资产一样

"折旧"。只是不知道为什么，对无形资产的折旧被另外取了一个名字，叫做"摊销"。别管专家们这么搞的原因了，咱记住折旧和摊销是一回事就好。

若无形资产使用寿命确定，摊销方法就和固定资产类似；但如果使用寿命无法确定，就没法摊销（数学老师没教过，怎么将一笔钱分摊在不可知或无限多的年份里），只能期末做减值测试。减值损失一经确定，也是不允许转回的。

无形资产可以是买的，可以是股东投入的，也可以是自己研发的。所谓研发，是指研究和开发两个阶段。对无形资产研究阶段的支出，记录为管理费用；对开发阶段的支出，在满足一定的条件下，可以记入无形资产价值里。那么，什么是开发阶段支出呢？开发阶段支出，指技术成果或其他知识研究成功后，到真正可以商业化使用前，所花费的支出。

一般来说，利润高的公司更愿意把研发支出都记入费用中，这样可以减少当期税收支出；但对于一些在经营上有困难，或是尚处于创业阶段的企业来说，这样做会显得资产很少、利润很低，所以这些企业更愿意把它记入无形资产里，让财报好看些。

无形资产的研发，是一件风险和收益都很大的事情。例如，对美国制药行业的统计显示，研发一种新药平均需要花费 14.9 年、8 亿美元。这当中大部分时间和金钱，都消耗在一个接一个的失败研究上。因而，如果我们关注的企业研发费用比较庞大，背后隐藏的究竟是机会还是风险，需要你真正理解行业、理解企业后才能判断。研发费用数据通常会在董事会报告里单独展示。

这里老唐要特别提醒投资者，虽然土地使用权是中国公司无形资产的重要组成部分，但对于房地产类公司，为了建造房子出售而买的地，不算无形资产，而是算存货。非房地产公司的土地，当其被列为投资性房地产（下一节介绍）时，也不再是无形资产。

商誉

20 世纪最伟大的经济学家欧文·费雪说："凡是可以产生收入的都是资产。"体力是资产，聪明是资产，相貌是资产，口才是资产，客户名单是资产，关系是资产……这些资产在会计的账簿上可找不着。但是，当企业甲和企业乙拿着同样的资产，收入和利润却有云泥之别时，我们难免会问：这部分收入是从哪里来的？于是会计学就创造了一个新名词：商誉。

商誉是怎么产生的

若一家企业的获利能力超过可辨认净资产[①]的正常获利能力，超出的部分，一定是另外一种资产带来的，这个资产就被叫作"商誉"。

商誉是个奇妙且容易被忽略的东西。自创商誉不允许记录在报表上。因而，没有进行过收购的企业，商誉栏目就是0。记录为0，并不意味着没有商誉。它实实在在是企业获得盈利的重要资源，只是会计假装看不见而已。

巴菲特这么评价商誉："直接和间接的企业分析经验，使我现在特别倾向于那些拥有金额很大的、可持续的经济商誉，却对有形资产需求很少的企业……在通货膨胀时期，经济商誉是一份不断创造丰厚回报的大礼。"股神这是直白地告诉你选股标准，投资者千万别忽略了这句话。

只有在收购活动中，比可辨认净资产公允价值多付的那笔款，才可

---

① 可辨认净资产，可以简单理解为能够单独拿出去卖的资产。

以被记录为商誉。如公司收购了另一家企业，成交价 1000 万元，但它的净资产公允价值只有 700 万元，那公司是不是做了一笔亏本生意？倒不一定。也许是公司买了一个受到广泛关注的品牌，或是政府颁发的某种特权，或是一份重要的客户名单，或者是有能力的管理层和核心技术人员等。在很多行业，这些东西都比房产、土地、机器、设备更有价值。这个时候，公司付出 1000 万元现金，买回来 700 万元资产，差额 300 万元就会被当作一份资产记录在财报里，资产的名字就叫作“商誉”。

知识链接：公允价值

公允价值指熟悉市场情况的买卖双方在公平交易和自愿的情况下所确定的价格，或无关联的双方在公平交易的条件下一项资产可以被买卖或者一项负债可以被清偿的成交价格。公允价值会计办法的优点在于，用这种方式得出的估值都是最近的价格，从理论上说更有利于决策制定。

在引入公允价值概念以前，会计体系都是用历史成本体系记账。目前，除了金融资产和投资性房地产之外，其他资产也仍然是按照历史成本记账。历史成本是一种保守的记账方法。只要没有新的交易，资产的价值只能减少（折旧、摊销、减值）不能增加。当然，由此也会衍生出某些公司卖掉资产再买回的财务操纵手法。如江苏某机械设备上市公司，就曾将账面资产不足 700 万元的对子公司 20% 持股，以 1.58 亿元的价格卖给大股东，实现当期投资收益 1.51 亿元。20 天后，再以定向增发的形式，从大股东手中，将该子公司 100% 股权买回。

公允价值挺复杂的，很多财务粉饰手段都跟它有关系。读者可以记住一个原则：有活跃市场报价的，市价就是公允价值；没有活跃市场报价的投资，一般需要专业机构按照某种复杂模型评估出一个公允价值。

商誉不用摊销

商誉以前是要求年年摊销的，现在不要求摊销了，改每年做减值测试。如果没有证据显示它减值了，就不动它。反之，则需要计提减值准备，从当年利润里扣除。商誉一旦做减值处理，以后也是不可以再转回来的。

商誉不用摊销，这一原则对喜欢靠收购扩张的企业比较有利。收购方可以在收购合同上，通过做高有形资产成交价，减低商誉；或是将有形资产作价变低，产生更多商誉。企业通过两种不同的价格分布，可以操控未来年份的折旧，从而影响利润表。反正卖家打包卖，只关心收到现金的总数，并不关心多少钱买厂房设备，多少钱买口碑技术。

一般来说，买家们比较喜欢低估实物资产。毕竟商誉无须进行摊销，能够降低后期的折旧，使公司的利润表看起来靓丽一些。因此，如果你关注的企业常常进行收购活动，那么了解收购活动中有形资产作价是否有失公平，或者自己尝试着将收购造成的商誉，按照资产进行折旧计算，又或者尝试将财报上的商誉去掉，看看公司的负债率是否让你担忧，这些都是一位保守的关注基本面投资者可以做也有必要做的工作。

长期待摊费用

长期待摊费用是企业已经支出的但功效持续一年以上的费用。常见的主要是对固定资产的改良费用，而对固定资产的修理费用，需要进入当期费用，从利润表里扣除。至于改良和修理之间有啥区别，取决于这次修理（或改良）是只对公司本期收入有贡献，还是在超过一年以上的时间里，都会对公司收入产生作用。

长期待摊费用就是一笔已经花掉的费用。公司对已经发生的费用不隐瞒，对投资者来说就是好事。因此，投资者一定要对经常将费用列入长期待摊费用冒充资产的公司保持警惕。

将费用放进长期待摊费用，假装它是一笔资产，可以减少当期费用，增加当期利润，并增加当期税收。管理层宁愿早纳税、多纳税，也要将费用装扮成资产（无论是否合规），投资者完全可以怀疑他们有其他心思。尤其是将其他大额费用（常见的是广告费和研发支出）勉强列进长期待摊费用的公司，投资者更要保持警惕。

总体来说，将费用算成长期待摊费用，假装它是一笔资产（高大上的说法叫“费用资本化”），是一种游走于合法与非法边缘的常见报表调控手段。这个科目里的数字，没有任何变现价值，其数字越大，企业资产质量越差。经常玩这套费用资本化把戏的公司，投资者无论是投资还是投机，都需要额外多持一份警惕之心。

说起广告费，还有一种有趣的处理，老唐这里顺带提提。最近热播的一部根据真实事件改编的电视剧《湄公河大案》，里面有很多茅台汉酱酒和仁酒的植入广告，据说反响不错。如果我们假设这部电视剧是上市公司贵州茅台投资拍摄的（注意，是假设），那么贵州茅台投下去这笔钱，该不该视为费用，从利润表里扣除呢？按规则说，这取决于公司拍摄电视剧的目的。如果公司拍这部电视剧，是为了赚取发行权、放映权收入，那么这笔投入算资产，支出是生产成本，拍完了算库存，卖出时按销售对待。如果公司拍这部片子，是为了促进产品销售，那么投下去的钱，就可以按照广告费用支出来对待。

递延所得税资产和负债

由于税务局计算的公司利润和公司财务算的不一样，可能大于公司计算的利润，也可能小于公司计算的利润，递延所得税资产和负债便因此而产生了。

递延所得税资产发生的原因

为何会出现税务局算的公司利润大于公司计算的利润呢？主要有以下几种情况：

（1）有些费用，虽然公司实际支出或提列了，但税务局根据政策法规不认可。如超过一定额度的招待费、折旧摊销、减值准备、行政罚款、慈善捐款等。

（2）有些公司本期一次性支出的费用，但按照税务局的规定，只能在以后分批扣除，如坏账准备、修理和保修费用、超过年度营收15%的广告费等；而有些收入，被税务局认定为本期收入，但按照公司财务政策，需要在下期才报告。

（3）内部销售的影响。由于税务局是按照一个一个真实公司收税的，他可不管两个交易的公司是什么关系，因而可能产生合并报表范围内企业间的销售，在税务局认为是利润，而在公司合并报表中，并不认为是利润的情况。

举个例子，茅台股份公司年底前卖了一批酒给下属销售公司，销售公司还没卖出去。此时公司合并报表上，销售为零，不产生利润，不产生税收。等明年，这批酒被销售公司卖出去了，合并报表计入收入，计入税收。

但是，税务局可从来没见过什么“合并公司”，你茅台股份公司实打实地完成了一笔销售，就得产生利润和所得税。这样税务局今年要收的税，就比公司合并报表里自己计算的税多。等来年，销售公司完成销售，税务局就只征收销售公司获利部分的所得税，而公司则一次计算两笔交易的利润总和。这时，税务局计算的利润又比公司合并报表计算的少了。这样，第一年税务局计算的利润大，多计算的所得税，便需要找个地方暂时放置，等待来年抵销。这个科目便被起名为“递延所得税资产”。第二年，公司计算的税收，等于税务局计算的税加前一年税务局多收的税。

公司内部销售未实现利润，不仅包括母子公司或子子公司间的产品销售，也可能是一个公司的产品或固定资产，卖给另一家公司成为存货或固定资产。这个过程中，虽然合并报表会抵销买家存货或资产成本中高估的部分，但改变不了税务局按照法律个体确认所得税的事实，因而无可避免地会产生递延所得税资产。

（4）公允价值波动损益产生的所得税差异。这部分将在投资相关资产章节中具体谈。

递延所得税负债发生的原因

为何会出现税务局算的利润小于公司计算的利润呢？也分以下几种情况：

（1）有些费用（例如研发费用），按照公司会计政策分摊在多年里，但根据税务制度，却可以在当年全额税前抵扣；也有些费用，按照政策可以多算，如企业雇佣残疾人，残疾人的工资可以双倍算进费用里。

（2）某些被公司计入本期的收入，而税务局认为应该分几期纳税。

（3）政府有时为了鼓励某些行业，允许某些行业的某些资产，采用加速折旧法折旧，而公司报表上可能是按照直线折旧法折的。由此，税务局认定的费用就可能比公司算的大。如 2014 年 9 月 24 日国务院刚刚颁布的固定资产加速折旧政策。

（4）公允价值波动损益产生的所得税差异。这部分将在投资相关资产章节中具体谈。

知识链接：固定资产加速折旧政策

国务院总理李克强于 2014 年 9 月 24 日主持召开国务院常务会议，部署完善固定资产加速折旧政策、促进企业技术改造、支持中小企业创业创新。

会议确定，一是对所有行业企业 2014 年 1 月 1 日后新购进用于研发的仪器、设备，单位价值不超过 100 万元的，允许一次性计入当期成本费用在税前扣除；超过 100 万元的，可按 60% 比例缩短折旧年限，或采取双倍余额递减等方法加速折旧。

二是对所有行业企业持有的单位价值不超过 5000 元的固定资产，允许一次性计入当期成本费用在税前扣除。

三是对生物药品制造业，专用设备制造业，铁路、船舶、航空航天和其他运输设备制造业，计算机、通信和其他电子设备制造业，仪器仪表制造业，信息传输、软件和信息技术服务业等行业企业于 2014 年 1 月 1 日后新购进的固定资产，允许按规定年限的 60% 缩短折旧年限，或采取双倍余额递减等加速折旧方法，以促进高技术产品进口。

如何看待递延所得税资产和负债

税务局给公司计算的税比公司财务算的税多，财务惹不起税务大叔，只好气鼓鼓地按照税务局的数字交了税，然后回去跟报表要横。

我又没错，多交的，算是暂时寄放在你们那儿的资产，于是起名叫“递延所得税资产”。

同样，税务局给公司算的税比财务算的少。财务也得按照税务局的数字纳税（强行按自己算的交，估计要被老板炒鱿鱼），然后回来嘀咕：我没算错呀，以我的为准，少交的税就是欠税务局的债。记在财报上，就起名叫“递延所得税负债”吧。

明白了递延所得税资产和负债的含义后，我们就知道对股东有利的是递延所得税负债，而不是递延所得税资产。递延所得税负债的存在，意味着推迟纳税，相当于公司得到税务局一笔无息贷款。而递延所得税资产则意味着资金被税务局占用，是对股东不利的事情。因此，资产和负债，究竟哪个对股东更有利，是不能望文生义的。

老唐在这里要强调一句，凡是放在递延所得税资产或负债里的，都只是税务局和公司财务关于收入和费用应该本期算还是以后算的分歧。那些税务局明确表态不承认的收入和费用，公司财务一般当场就从了税务大叔，不会放进递延。如前面说的有些费用，虽然公司实际支出或提列了，但税务局根据政策法规不认。如超过一定额度的招待费、折旧摊销、减值准备、行政罚款、慈善捐款等。

递延所得税资产和负债不能互相抵销。是什么原因造成的递延所得税资产，清楚地列在递延所得税资产科目里；是什么原因造成递延所得税负债，清楚地列在递延所得税负债科目里。以后哪个项目可以抵扣或者该补交了，就从哪个项目中加减便是。不能因为都是跟税务局的来往，就混在一起算净额。

我国所得税率，现在基本上统一为25%了。只有很少一部分高新技术企业享受15%的所得税率。输入“所得税费用”搜索合并报表中所得税费用的构成明细，如下所示，就是茅台2013年所得税费用构成。

（四十一）所得税费用：

项目	本期发生额	上期发生额
按税法及相关规定计算的当期所得税	5,649,176,156.25	4,833,067,729.78
递延所得税调整	-181,715,611.33	-141,027,962.79
合计	5,467,460,544.92	4,692,039,766.99

用明细里“按税法及相关规定计算的当期所得税”数字除以25%，大致可以推算出税务局认定的当年企业税前利润。长期看，这个数据应该和公司净利润保持相对稳定的比例。如果相差较大，就需要投资者警惕公司是否存在大幅调节利润的情况。

知识链接：产生递延所得税资产、负债的部分常见情形

财报科目	公司会计	税务局
应收账款	逐年计提减值算费用	损失发生时算费用
存货	逐年计提减值算费用	损失发生时算费用
广告费	权责发生制下实际费用	不超过当年营收15%的，算费用。超过的部分，以后年度慢慢抵销
研发费用	计入费用	某些可以150%计入费用
以前的亏损		未来五年利润可以先填补该亏损
内部交易损益	合并时抵销不计	各个公司单独计算
固定资产和投资性房地产	自定折旧期和残值计算每年的折旧额	法定折旧期计算折旧 部分鼓励行业可以加速折旧
交易性金融资产	公允价值变动算盈亏	卖出时算盈亏
投资性房地产（公允模式）	公允价值变动算盈亏	卖出时算盈亏
持有至到期投资	实际利率法确认收益	按合同约定确认投资收益

注：交易性金融资产、持有至到期投资、投资性房地产在下一节再谈。

其他流动资产和其他非流动资产

平时公司会计做账的时候，遇到那些不好归到常用科目的资产，会计可能会自设科目。待汇总报表时，将这些自设科目中周转期不超过一年的资产，归入其他流动资产；超过一年的，就放入其他非流动资产。有时候，有些公司会计偷懒，可能会把某些理财产品或者投资品也归在其他流动资产里。

当我们全面了解了生产相关资产，会发现公司资产数值里面充满了估计和假设，甚至有些假设与事实真相差距甚远，如资产折旧或者商誉价值。明白了这一点，可以让我们改变以净资产衡量企业价值的思维模式，如市场常用的估值指标——市净率 PB（股价/净资产）。净资产本就是个靠不住的记账数字，用它来给企业定价，就更加靠不住了。

本节重点

科　目	重点内容
固定资产	年年折旧，折旧算费用
在建工程	迟迟不转固定资产，一般有鬼
无形资产	研发费用，可能是机会，也可能是陷阱
商誉	商誉栏目没有数字，不代表企业没有商誉
长期待摊费用	越小越好
递延所得税资产	税务局收的税，大于公司算的应交税款
递延所得税负债	税务局收的税，小于公司算的应交税款

第四节　投资相关资产

上市公司手头有了钱，除了满足日常经营需求以外，也会做一些投资。本节介绍几种上市公司财报中常见的投资品，主要包括交易性金融资产、持有至到期投资、可供出售金融资产、买入返售金融资产（金融资产还包括贷款及应收款项，上节已有涉及，此节不谈）、长期股权投资和投资性房地产。

将公司的投资放进不同的科目里，可能对利润表或股东权益表产生不同影响。这些内容，不仅那些看重企业基本面的投资者不可不知，哪怕是揣测市场情绪的投机者，也不能不知。

举个简单的例子，如果一家上市公司大量持有其他上市公司股票，而恰好最近那些股票大涨。投机者可能会想，这下子公司净利润肯定大增，股价岂不同样飙升，买！结果财报出来，净利润没什么变化。怎么回事？询问懂财报的行家才知道，这家公司买的股票，放在可供出售金融资产科目里，公司所持股票的股价涨得再多，只要没卖，净利润上一分钱也不会体现。

交易性金融资产

如果公司把债券、股票、基金、权证等金融资产放进“交易性金融资产”科目，证明公司是打算短期持有来获取差价。公司只是“打算”短期持有，至于最终持有多久，不重要也没人管。

公司的投资一旦放进这个科目，是不允许转换到其他科目的。交易性金融资产的特点是不需要计提折旧减值，直接以持有期间的公允价值变动，作为该项资产的当期损益，进入利润表的“公允价值变动收益”科目，影响公司当期利润。

买入交易性金融资产时产生的交易费用，作为当期费用，从利润表里扣除。持有期间产生的利息或分红，作为投资收益，加进利润里。

由公允价值变动带来的利润或亏损，虽然记入当期净利润，但税务局是不认可的。也就是说，公允价值变动带来的利润，税务局不收税；产生亏损，税务局也不允许从利润里扣减。只有等你卖出时，产生了利润，税务局才对其收税。税务局和公司对交易性金融资产公允价值变动损益的不同政策，是产生递延所得税资产和递延所得税负债的重要源头。

一家上市公司，如果将其持有的其他上市公司的股票视为交易性金融资产，因其持有股票的价格波动计入上市公司当期利润，所以在牛熊市里，会对上市公司本身的股价起到助涨或助跌作用（每 1 元利润，会通过 N 倍市盈率体现为 N 元的股价涨幅。反之亦然）。

上市公司持有的其他公司股票，会在财报的“董事会报告”或“重要事项”里，列出一份表格向股东汇报，通常叫“持有其他上市公司股权情况”表。投资者可以输入“持有其他上市公司”字样进行搜索。此表格会详细列出持有其他上市公司股票的数量、初始投资金额（买入成本）、期末账面值、会计核算科目等。其中会计核算科目投资者是一定要注意的，注意里面写的是不是“交易性金融资产”。如果不是，那么其所持股票股价的波动就跟上市公司本期利润无关了。

持有至到期投资

老唐要友情提示各位读者，本书的第一块硬骨头出现了。如果你此时状态不是很好或者周围干扰很大，建议你暂停阅读。

持有至到期投资究竟是什么

上市公司放进“持有至到期投资”科目的一般是各类债券。如茅台公司就持有5000万元持有至到期投资。投资者在报表里输入“持有至到期投资”进行搜索，财报第71页显示该科目明细如下：

（九）持有至到期投资：

项目	期末账面余额	期初账面余额
商业银行次级定期债券	50,000,000.00	50,000,000.00
合计	50,000,000.00	50,000,000.00

如果你连续阅读茅台历年年报，就知道这些债券是公司2010年购买的。所谓商业银行次级定期债券，就是本金和利息的归还顺序在股本之前、在其他债权之后的一种债券。

投资收益如何计算

如果一个企业花1000元买了1000元面值的债券，放进“持有至到期投资”科目里，那么每年按照债券约定利率该收的利息，将直接放进利润表“投资收益”科目，这个很容易理解。老唐要提醒各位投资者，是该收的利息，而不是收到的利息。对方付没付利息，不影响公司将利息计入利润表。是否拿到现金，那只是记在资产负债表“应收利息”科目还是“货币资金”科目的区别（请回忆权责发生制）。

但是，债券并不都是按照面值卖的。有些债券可能定一个较高的利率，然后以超过面值的价格成交，如100元面值的债券，利率10%，但你要120元才能买得到；有些则反之，可能定一个较低的利率，以低过面值的价格卖出。后者的极端是零息债券——100元面值的债券，5年还本，没利息，但你现在给70元就可以买到。

这个时候，每年的投资收益怎么算呢？究竟是前者10%利率的债券收益高，还是后者零息债券收益高呢？收益又应该放在哪一年呢？这些都是问题。为了解决这个问题，财务工作者们发明了摊余成本概念。

摊余成本将债券持有过程中获取的两部分收益（买价与面值差、利息收入），分摊到每一年，计算当期收益和剩余成本。概念后面老唐会具体解释，此处先举个例子。

假如茅台公司花了1000万元（含费用）买了一笔面值1250万元、票面利率为4.72%的5年期债券，放进“持有至到期投资”科目。这笔投资代表未来每年公司能收到1250×4.72%=59万元的利息，然后第五年底可以一次性收回1250万元。

这个时候，公司每年可以计入利润表的投资收益不是59万元，债券的账面价值余额也不是1000万元或者1250万元，它究竟是多少，如表2-2所示。

表2-2　持有至到期投资的收益计算　　单位：万元

日期	现金流入	投资收益	已收回成本	摊余成本余额
第一年初				1000
第一年底	59	100	-41	1041
第二年底	59	104.1	-45.1	1086.1
第三年底	59	108.61	-49.61	1135.71

续表

日期	现金流入	投资收益	已收回成本	摊余成本余额
第四年底	59	113.571	-54.571	1190.281
第五年底	59	118.719	-59.719	1250
第五年底	1250			
合计	1545	545		

这里面，每年计入公司利润表的数字，是投资收益那一列数字。而记入资产负债表“持有至到期投资”账面价值的，则是最后那行摊余成本余额。上期摊余成本余额减去本期已收回成本，就是本期的摊余成本余额。而本期已收回成本，等于现金流入（实际收到的利息）减投资收益（应该收到的利息）。如果实际收到的利息比应该收到的利息少，则已收回成本会是负数，相当于把这部分差额又重新借给那家公司了。这几个数字怎么来的？老唐下面再具体解释。

投资收益 = 期初摊余成本余额 × 实际利率

购买成本（含费用）1000 万元，就是期初的摊余成本余额。以后每年的摊余成本余额，是用上一年的摊余成本余额减去已收回成本。表 2-2 中显示第一年底的投资收益是 100 万元，显然实际利率用的是 10%。实际利率的计算，是摊余成本的主要难点。

实际利率的计算虽然复杂，其背后原理却并不难懂。其计算方法就是将期间每年的利息折现，将最后可以拿回来的本金总数也折现，然后与现在投入的钱对比得出。

知识链接：折现

只要理解了金钱是有时间价值的，那么理解折现的概念就不难。例如，假设当前银行各类 ×× 宝，能够提供 5% 的无风险收益，那么明年今日给你 105 万元和今天给你 100 万元就是等价的。将明年的105万元按照利率5%换算成今天价值100万元的过程，就叫作“折现”，5%就被称之为“折现率”。

由折现的概念，你能很容易理解，无风险收益越高，未来同样数额的钱，在今天的价值就越低。例如，如果无风险收益率为10%，那么明年今天的105万元，就只能约等于今天的95.5万元，而不是100万元了。而如果后年今天的105万元，在10%无风险收益下，就只能等于今天的86.78万元了（105÷1.1÷1.1）。这就是央行加息，股市通常会下跌的原因，企业未来收获的金钱，其今日价值因加息而降低了。

实际利率计算过程：首先假设实际利率r为折现率，然后列方程如下所示。

$$[59\div(1+r)]+[59\div(1+r)^2]+[59\div(1+r)^3]+[59\div(1+r)^4]+[(1250+59)\div(1+r)^5]=1000$$

上述方程是把每年收到的钱，包括第五年收回来的本金，一起折现算出今天的价值。例如，如果年利率10%，年底收到59万元，这笔收益折算到当下的价值就用59÷（1+10%）计算。这个方程，目的是为了寻找究竟什么折现率（r）可以让未来收到金钱的总和折算到今天的价值，等于付出去的1000万元。

求解上述方程，得出r≈10%。由于是约等，总数上会略有差异。差异放最后一年调整，因此最后一年的投资收益≠1190.281×10%。

当然，只要你明白了老唐说的原理，即使不会解方程，也不影响你看报表。懂了原理，知道报表中“持有至到期投资”账面值每年的变化是正常的，每年的投资收益并不等于收到的利息，然后我们可以坦然地利用公司公告的投资收益和账面余额，反推出公司这笔投资的实际利率（要相信专业人士不会用错公式）。

持有至到期投资该如何解读

前面展示了输入“持有至到期投资”，可以在财报中搜索到该笔投资的账面余额，它同样可以搜索到投资收益明细，如茅台2013财报第96页显示如下：

（五）投资收益：

1. 投资收益明细：

	本期发生额	上期发生额
成本法核算的长期股权投资收益	11,963,565,111.55	3,723,580,663.67
持有至到期投资持有期间的投资收益	3,010,000.00	3,010,000.00
合计	11,966,575,111.55	3,726,590,663.67

如上所示，收益301万元，持有至到期投资账面余额5000万元，真实利率6.02%。当然，茅台这笔持有至到期投资很简单，是以面值价格买的，所以实际利率就是票面利率。但查看“持有至到期投资”实际利率的方法是一样的，其他公司折价或溢价购买的“持有至到期投资”都可以这么看。

持有至到期投资，有三种情况需要投资者警惕。其一是进行大额减值。当发现持有的投资有确定证据发生减值时，对其计提减值是一种谨慎的态度。但也非常有可能是公司首先虚构了收入和利润，然后购入掺水的持有至到期投资，再通过减值“毁尸灭迹”。其二是减值的转回。债权类的减值，当减值迹象消失后，是可以转回的。对以往减值的转回，可能真是减值测试错误估计了形势，也可能代表企业对当期利润的操纵意图。其三是重分类。持有至到期投资，可以和可供出售金融资产相互重分类。当持有至到期投资被企业改变为可供出售金融资产后，将从摊余成本计量变为公允价值计量。重分类日的公允价值和账面价值的差额，计入资产负债表的资本公积科目。

老唐反复强调，任何会计政策的改变，都必须高度重视。作为投资者，无须关心金融资产放这儿或放那儿的原因。但只要放进去后，又改为其他分类，投资者就必须关心。届时，必须仔细阅读上市公司公告，看公司提出的改变原因是否合理，改变后给上市公司当期带来了什么影响，以后会有什么影响。即便自己看不明白，这种改变也一定会引起很多行家的讨论。重要的是，你必须知道这个很重要，并愿意去倾听和思考。倾听和思考，能让你躲开很多陷阱。

可供出售金融资产

公司有些投资品，管理层还没想好到底归入短期持有的“交易性金融资产”，还是长期持有的“持有至到期投资”，于是就索性放进另一个科目——“可供出售金融资产”。

可供出售金融资产和持有至到期投资一样，是用买入成本加交易费用当作初始成本。这里和大家一起复习一下，交易性金融资产的成本里不包含交易费用。购买交易性金融资产的交易费用，直接作为费用从当期利润表里扣除。

可供出售金融资产如何影响利润

可供出售金融资产和交易性金融资产一样，采用公允价值计量。但不一样的是，可供出售金融资产的公允价值变动不计入企业当期利润，而是计入权益科目下的资本公积的变动，其影响净资产，不影响利润。因为不进入利润表，所以也不涉及纳税问题①。等卖出时，卖

① 2014 年 7 月 1 日起实施的新准则，要求可供出售金融资产公允价值变动也必须计提递延所得税资产或负债。同时，利润表新设“其他综合收益”科目。可供出售金融资产原计入“资本公积”科目下的变动，在“其他综合收益”科目列报。

价与最初的买价的差额计入当期利润表，同时从资本公积项目里去掉该项资产历年累积的资本公积。

可供出售金融资产持有期间发生的减值损失和外汇汇兑损益，进入利润表对应的“资产减值损失”和“汇兑收益”科目，影响当期利润。有公开报价的权益类资产（例如股票）的减值损失，当减值迹象消失的时候，可以转回资本公积项目，影响净资产，但不影响利润；无公开报价、公允价值无法获得的权益类可供出售金融资产减值损失，不允许转回；债权类资产的减值损失，当减值迹象消失时可以转回利润表，增加当期利润。

可供出售金融资产持有期间，宣告的股权分红或应得的债券利息，计入当期投资损益，影响利润表。请读者注意，这里所说的是宣告分红和应得利息，与是否收到该笔分红或利息无关。表2－3展示了三种金融资产对利润表产生影响的项目。

表2－3　三种科目对利润表产生的影响

科目	对利润表产生影响的项目
交易性金融资产	公允价值变动；股利或利息
持有至到期投资	按实际利率计算的投资收益；减值损失
可供出售金融资产	汇兑损益；股利或利息；减值损失

是金矿还是地雷

上市公司若将持有的股票归入可供出售金融资产，因为其浮亏或浮盈都不体现在利润表上，所以它可能是一块隐藏的金矿或地雷——取决于当前股价是高于还是低于买入成本。

在前面谈交易性金融资产时提到，输入“持有其他上市公司”字样，可以找到上市公司持有其他上市公司股票的详细情况，包括数量、初始投资金额（买入成本）、期末账面值、会计核算科目等。其中会计核算科目如果写的是“可供出售金融资产”，那么你再看看期末账面值和买入成本之间的差额，计算一下其浮亏或浮盈能对上市公司产生多大影响，便能先人一步知道是发现了金矿，还是踏进了雷区。

长期股权投资

按照2014年7月1日实施的新会计准则，对其他公司的股权投资可分为以下类型，如表2－4所示。

表2－4　股权投资类型与利润核算

关系	持股比例	核算方法	所持股权对利润表的影响
控制	大于50%	成本法	宣布的分红，进入利润表
合营	合同约定	权益法	按持股比例确认持股对象的经营盈亏
联营	20%～50%	权益法	按持股比例确认持股对象的经营盈亏
其他			按照可供出售或交易性金融资产对待

控制，指子公司。通常是直接或间接持股50%以上至100%。持股100%的子公司，被叫作“全资子公司”。

合营，指按照合同约定，由持股各方对公司实施共同控制，经营过程中的重要决定，需要享有控制权的各投资方一致通过。

联营，指对持股对象有重大影响，一般指有权参与决策持股对象公司财务或经营活动。通常持股20%～50%，会被认为有重大影响。有些持股低于20%的，因为有派出人员成为被投资公司的董事或高管，有权参与财务或经营政策的制定；或因业务及技术原因，使被投资对象对公司有一定的依赖性等原因，也会被认为是重大影响。

其他，指除控制、合营和联营之外的持股形态，对被投资对象的财务和经营政策没有重大影响，持股比例一般在20%以下的股权。这类投资，以前属于成本法核算的长期股权投资，2014 年 7 月 1 日实施的新会计准则，要求归入交易性金融资产或可供出售金融资产核算。

长期股权投资对利润的影响

上市公司 A 如果将持有其他上市公司的股票归入长期股权投资，只要没卖，其持有期间股票价格的变化，对 A 公司当期利润就没有任何影响。只有所持上市公司经营业绩变动或产生分红，才会对 A 公司利润表产生影响。具体而言，以成本法核算的股权，持股对象宣布的分红，对 A 公司利润表产生影响；以权益法核算的股权，经营盈亏按照持股比例算进 A 公司当期利润表。

上市公司持有子公司的股权，按照成本法核算，体现于母公司报表里。制作合并报表时，需要全部转换成权益法核算。因而子公司的经营情况，是合并报表利润及资产负债变化的重要组成。然而，对母公司报表的影响，则仅限于宣布的分红额。

转换的具体过程，理论上是将长期股权投资成本，折算成在子公司对应比例的资产、负债、权益和收入、利润等。实际操作中，是将控股子公司全部合并进来，然后将非本公司占股部分单独列为“少数股东权益”和“少数股东损益”。

茅台公司长期股权投资分析

投资者输入“长期股权投资”搜索贵州茅台 2013 年财报，会发现合并报表中该数字为 400 万元（财报第 42 页），且期初数和期末数都是 400 万元，这证明当年公司没有对外新增长期股权投资。

长期股权投资	（十）	4,000,000.00	4,000,000.00

而母公司报表中长期股权投资为 44660 万元（财报第 45 页）。这

就表明，有 44660 - 400 = 44260 万元是股份公司对进入并表范围的控股子公司的投资。

长期股权投资	（三）	446,600,000.00	432,600,000.00

同时，因母公司报表中长期股权投资科目的期末数是 44660 万元，期初数是 43260 万元，年度增加额为 44660 - 43260 = 1400 万元，说明当年贵州茅台酒股份有限公司新增投资 1400 万元，或设立了新的子公司，或对原子公司进行了增资。究竟是哪种情况呢？

继续翻查搜索结果，就能在母公司财务报表主要项目注释里面找到“（三）长期股权投资”（95 页），发现 2013 年新增了一家叫作“贵州茅台酒个性化定制营销公司”的子公司。股份公司出资 1400 万元，占股 70%。

贵州茅台酒个性化定制营销有限公司	14,000,000.00		14,000,000.00	14,000,000.00			70.00	70.00

老唐要提醒投资者注意，财务报表附注解释分为对合并财务报表的附注和对母公司财务报表的附注，不能混淆。一般来说，财务报表附注先提供合并报表项目解释，后提供母公司报表项目解释。如这份茅台 2013 年财报，合并报表项目的解释是从第 67 页到第 92 页；母公司报表项目解释是从第 92 页到第 100 页。

权益法和成本法计量

同一笔投资，按照权益法和成本法计量，会对上市公司的利润表及资产负债表产生明显不同的影响。老唐下面举一个简化的例子，帮助朋友们理解两者的不同。

甲公司总股本1亿股，乙、丙两家上市公司各持有甲公司40%的股份。对这笔长期股权投资，乙公司采用权益法核算，丙公司采用成本法核算（请忽略采用不同核算方法的理由）。甲公司的经营及分配，在五年里有五种不同的情况。

第1年：甲公司获得净利润3000万元，当年宣布每股分红0.2元，分派时间在第二年2月。

表2－5　乙、丙两家公司长期股权投资在第一年的核算　单位：万元

项　目	公　司	期初	第1年末
长期股权投资成本（资产负债表）	乙公司	4000	5200
	丙公司	4000	4000
投资收益（利润表）	乙公司	0	+1200
	丙公司	0	+800

甲公司实现了3000万元利润，用权益法核算的乙公司，确认了对应的3000×40%＝1200万元投资收益，进入乙公司利润表，同时增加长期股权投资成本1200万元（1200万元还没有收到手，相当于继续投在甲公司了）。

至于用成本法核算的丙公司则非常简单。成本永远是初期投入的4000万元，不受甲公司经营业绩波动的影响。丙公司只在甲公司宣告分红时，确认对应的投资收益，进入利润表。请读者注意：是宣告分红时，不是收到分红时。甲公司宣告分红，丙公司就确认投资收益。没收到钱时，投资收益体现为应收股利；收到现金时，把数字从应收股利挪到货币资金去。用成本法核算的丙公司，每年如此。

第2年：甲公司亏损2000万元，当年不分配。

表2-6　乙、丙两家公司长期股权投资在第二年的核算　　单位：万元

项　目	公　司	第1年末	第2年末
长期股权投资成本（资产负债表）	乙公司	5200	3600
	丙公司	4000	4000
投资收益（利润表）	乙公司	+1200	-800
	丙公司	+800	0

甲公司首先完成了上年的分红，每股0.2元，共计分红2000万元。乙公司的长期股权投资成本，变成了5200-4000×0.2=4400万元。然后甲公司当年亏损2000万元，乙公司确认投资收益为-800万元，进入利润表，长期股权投资成本因而变成4400-800=3600万元。丙公司投资成本不变，投资收益为零。

第3年：甲公司获得净利润2000万元，当年宣布每股分红0.15元，并在年底前分派了红利。

表2-7　乙、丙两家公司长期股权投资在第三年的核算　　单位：万元

项　目	公　司	第2年末	第3年末
长期股权投资成本（资产负债表）	乙公司	3600	3800
	丙公司	4000	4000
投资收益（利润表）	乙公司	-800	+800
	丙公司	0	+600

甲公司实现盈利2000万元，乙公司确认投资收益800万元，进入乙公司利润表。长期股权投资成本变成3600+800=4400万元。然后甲公司当年完成每股0.15元的分红，乙公司收到现金4000×0.15=600万元，长期股权投资成本变成4400-600=3800万元。丙公司投资

成本不变，将甲公司宣布的分红600万元计入投资收益。

第4年：甲公司获得净利润4000万元，次年4月宣布每股分红0.25元，并在随后2个月内实施了分红。

表2-8　乙、丙两家公司长期股权投资在第四年的核算　单位：万元

项　目	公　司	第3年末	第4年末
长期股权投资成本（资产负债表）	乙公司	3800	5400
	丙公司	4000	4000
投资收益（利润表）	乙公司	+800	+1600
	丙公司	+600	+1000

甲公司实现盈利4000万元，乙公司确认投资收益4000×40%=1600万元，进入乙公司利润表。长期股权投资成本变成3800+1600=5400万元（相当于盈利1600万元继续投在甲公司）。丙公司投资成本不变，在甲公司宣布分红方案后，将0.25×4000=1000万元应收股利，计入投资收益。

第5年：甲公司经营收益为0元，不分配。

表2-9　乙、丙两家公司长期股权投资在第五年的核算　单位：万元

项　目	公　司	第4年末	第5年末
长期股权投资成本（资产负债表）	乙公司	5400	4400
	丙公司	4000	4000
投资收益（利润表）	乙公司	+1600	0
	丙公司	+1000	0

这年，甲公司经营收益为零元，盈亏平衡，不进行分配。因为经

营收益为零元，所以乙公司的投资收益为零元。因为不分配，所以丙公司投资收益也为零元。乙公司会在今年收到甲公司去年的分红 0.25 × 4000 = 1000 万元，故长期股权投资成本成为 5400 - 1000 = 4400 万元。

相信通过以上案例的演示，各位应该能明白两种不同的核算方法，对持股公司资产负债表及利润表的不同影响。上市公司没有控股子公司是非常罕见的，因而，要理解上市公司财报，长期股权投资这一科目是必须搞懂的。虽然该科目略难，但如果肯准备一个计算器和一张纸，对照着本章，两个小时内，任何具备初中以上文化水平的读者应该都可以搞定它。

非经营因素如何影响持股上市公司

上面谈了上市公司持有其他公司股权期间，由于被持股公司经营因素对持股上市公司财报造成的影响。有些时候，还会有非经营因素，也会对持股上市公司财务报表产生影响。

如果被投资单位因为非经营因素导致净资产发生变化，在上市公司持股比例没有发生变化的情况下，这部分净资产的增加，将算进上市公司资本公积，影响资产负债表的股东权益。

如果因为非经营因素导致净资产发生变化，且上市公司的持股比例发生了变化，该变化会对上市公司净资产和当期利润同时产生影响。下面老唐举个简化的例子详细解释。

有公司甲，上年初有总股本 1600 万，净资产公允价值 4000 万元。上市公司 A 占甲的股份为 30%，持有 480 万股（对应净资产 1200 万元）。这部分股份是溢价 10% 购买的，买价 1320 万元。上市公司 A 将其列入“长期股权投资”科目，用权益法核算，初始账面价值 1320 万元。

上年，公司甲实现净利润 800 万元。上年底，上市公司 A 在利润表里确认投资收益 800 × 30% = 240 万元。同时在资产负债表里，增加长期股权账面价值 240 万元，变成 1320 + 240 = 1560 万元（请读者自行回忆前文例子中，持续 5 年里，公司乙的投资收益及长期股权投资成本的变化历程）。

当年，公司甲向公司 B 定向发行新股 400 万股，每股 5 元。公司 B 以 2000 万元现金，获得甲的 20% 股权，400 ÷（1600 + 400）= 20%。

公司 A 对甲的持股，从 30% 稀释成 24% （480 ÷ 2000）。会计上将其视为卖掉了持股的 1/5（虽然手上股数没有发生任何变化，还是 480 万股），即卖掉了 1560 万元 × 1/5 = 312 万元的账面资产。

公司甲的净资产增加了 2000 万元现金，A 持有甲的 24%，所以归 A 所有的净资产增加了 2000 × 24% = 480 万元。这 480 万元是 A 出让了价值 312 万元的资产换来的。因此上市公司 A 就获得了 480 − 312 = 168 万元的投资收益。上市公司 A 的利润表里计入 168 万元投资收益，同时长期股权投资的账面值增加 168 万元。

老唐在这里简单总结一下：持股期间，因非经营因素导致被投资对象的净资产发生了变化，若持股比例没变，被投资公司净资产变化对应比例部分，计入上市公司的资本公积，不影响利润。

若持股比例变了，视为出售部分股份。将新持股比例对应的净资产增加额与被出售部分股权的账面价值之间的差额，算作投资收益，计入利润表。

对股权交易要提高警惕

股权交易，比资产交易更方便，且较少涉及税务问题，所以是企业间收购兼并的主要承载形式，也曾是上市公司及其大股东之间操纵和输送利益的主要载体。

伴随着监管水平的不断提升，目前这一块的大部分漏洞已经被堵住了。老唐简单介绍一下相关的几点，朋友们简单了解即可。

如果上市公司购买其同一控制下公司的股权，以股权比例所对应的被购买企业的账面价值作为长期股权投资的成本，无论合同约定的成交价格是多少。例如，同一控制下的被投资企业，账面价值1亿元，某上市公司购买其51%股份。则上市公司长期股权投资成本就是5100万元。这个很容易理解，规定同一控制下的企业按照原账面价值交易，可以防止自买自卖（1元作价2元，改日3元买回来）做高资产总值。

如果打折买的，如上面这个公司51%股份，作价4000万元，差额1100万元就算上市公司控制人送给上市公司的，直接进资产负债表的资本公积项目，增加企业净资产，不影响利润。

如果溢价买的，如上面这个公司51%股份，作价6000万元，差额900万元用上市公司的资本公积冲抵。资本公积不够的，用盈余公积冲，再不够的，用未分配利润冲抵。

总之一句话，但凡交易各方处于同一控制①下，监管部门禁止交易产生“利润”。

如果是购买非同一控制下的企业股权，买价就是长期股权投资的成本。这个也简单，两个不关联的个体达成的交易，当然按照成交价格算成本。买价包括购买方付出的资产、发生或承担的负债、发行的权益性证券的公允价值之和。

买家的出价里，含有资产或负债的，其公允价值和账面价值之间的差额，算营业外收入或支出，进入利润表。例如，上市公司用原值1.5亿元，已累计计提折旧0.5亿元，当前账面价值1亿元的某固定

① 所谓同一控制，指不同企业因为股权、法律或者协议形式，由同一个（或同一群）法人或自然人控制，反之则称为“非同一控制”。

资产，作价 1.2 亿元参与了收购支付。那么 1.2 - 1 = 0.2 亿元，就作为上市公司当期利润表里的营业外收入，增加上市公司利润。同理，如果作价 0.9 亿元参与支付，那么 0.9 - 1 = -0.1 亿元，就算上市公司当期利润表里的营业外支出，减少上市公司利润。

买价大于被投资对象账面可辨认净资产公允价值对应份额，差额部分确认为合并报表的商誉。例如，上市公司出价现金及资产合计 7000 万元，购买另一家公司 60% 股份，该公司账面可辨认净资产公允价值为 1 亿元，60% 股份对应份额为 6000 万元，那么多给的 1000 万元就计入上市公司资产负债表商誉科目。反之，按照可辨认净资产公允价值打折买的，比如出资不是 7000 万元，而是 3600 万元购买 60% 股份，那么 6000 - 3600 = 2400 万元差额，就计入当期营业外收入。

同时，无论是否是同一控制，股权购买过程中产生的其他审计、法律、评估、咨询等中介费用，均直接计入费用，从当期利润里扣除。

各位可发现此处的小秘密？同样的一笔股权买卖，如果是同一控制下的交易，不会影响利润。而不同控制下的，则会影响利润。因此，确定是不是同一控制，是监管者与利益方之间永远的猫鼠游戏。如何将处于同一控制下的关联方，化妆打扮成非同一控制下的非关联方，一直是财务造假者们的重点研究课题。记得当年银广夏造假案里，就有一家从银广夏手中高价购买数家子公司股权的公司，被当时的律师事务所出具文件，从五大方面论证其与银广夏并非关联方。当然，后来证实那是弥天大谎。

好在作为投资者，我们无须证实，只须怀疑。证实一件事很难，但怀疑它却不难。只要发现非同一控制下的股权交易作价显失公平，便可以怀疑公司可能是为了美化利润，由关联方化妆成非关联方，投资者保持警惕即可。股市有那么多企业，没有必要和骗子缠在一起玩。

另外，企业间股权交易，究竟谁是买家谁是卖家，有时并不如合同上表述的那么清晰。资本市场常有看上去的买家，其实质却是卖家的情况。反向收购借壳上市之类的交易，就是指这种现象。关于收购的话题，不在本书讨论范围。有兴趣的朋友，以后自行寻找相关资料学习。

买入返售金融资产

对买入返售金融资产科目，投资者大致有个了解即可。它实质上就是一笔质押借款。你现在有价值100万元债券，咱俩签个借款协议，你用它做抵押，从我这儿借了70万元现金用1个月，约定利息1万元，这个叫借款。换个“高大上”的名词，你有价值100万元的债券，作价70万元卖给我，再签一份协议，约定下个月今天，我71万元卖回给你，这笔债券在我的账上，它就叫“买入返售金融资产”。

买入返售金融资产交易的对象通常为票据、证券、贷款等。如果借钱的人违约了，到期没有接受“返售”，那么放款人有权拥有这些抵押品。由于买入返售多在信用良好的机构间交易，且通常抵押品会打折，所以这种违约的情况很少见。

买入返售金融资产，主要是银行用得多。因为贷款要受存贷比和贷款限额的约束，而买入返售资产则不受这两项的约束，所以成为银行规避监管、扩大生意规模的手段。再加上买入返售作为同业资产，规定的风险系数比贷款低，因此也能够规避对资本充足率的要求。

近两年来，银行间买入返售业务发展比较迅速的是信托受益权买入返售。银行利用此手段，向一些监管政策上禁止或控制贷款的行业，变相提供贷款，获取高于正常贷款的利息收入。监管机构于2014年5

月发布了《关于规范金融机构同业业务的通知》，以信托受益权属于非标准化债权资产，流动性较低为由，不允许其作为买入返售资产标的物，该项创新业务暂时受挫。

知识链接：银行贷款

我国银行业的贷款，同时受存贷比和贷款限额的控制。两者就低不就高。

存贷比，是监管机构规定的银行贷款与吸收存款之间比例的指标。如存贷比是75%，意味着你吸纳100亿元存款，最多可以放75亿元贷款。贷款限额，则是央行的计划性指令管理，大致相当于一家银行本期内最高可以放贷的一个额度。当放贷额度紧张时，银行就可能通过其他手段变相放贷。

资本充足率，是监管机构对银行的自有资本占风险资产比例的强制要求。规则规定的风险系数不同的资产，对银行自有资本的要求也不同。如一笔风险系数为25%的同业资产，需要的银行自有资本仅占一笔风险系数为100%的贷款的1/4。因此，同样的自有资本，银行就可能做4倍的业务。

投资性房地产

企业有些房产、地皮，可能不以自用为目的，而是为了赚取租金、获取升值。这些房和地就会被放进投资性房地产科目内。

投资性房地产的计量

投资性房地产，可以选择用成本模式计量，也可以选择用公允价值模式（简单理解为市价）计量。但只能二选一，不可并存。选择公允价值计量的，不允许改为成本模式。选择成本模式计量的，可以改为公允价值计量。

一般来说，会计规则建议企业采用成本模式计量投资性房地产。如果要采用公允价值计量的，需要满足两大条件：①投资性房地产所在地有活跃的房地产交易市场。所在地一般指大中型城市的城区。②企业可以从活跃的房地产交易市场获得同类或类似房地产的市场价格及相关信息。同类或类似指区域位置、地理环境相似，房子性质、结构相似，新旧程度相近等。

投资性房地产以公允价值模式计量，就不再计提折旧和摊销，直接将其当期公允价值变动，计入利润表的“公允价值变动收益”科目，影响当期净利润。但这笔利润实际上是纸上富贵，企业并没有收到现金，税务局也不认这笔收入，不对它的利润征税，不允许它的亏损抵扣。这也是产生报表上的“递延所得税资产（负债）”的重要原因之一。

投资性房地产若以成本模式计量，和普通的存货或者固定资产没啥区别。按时计提折旧，并将当期收到租金计入利润表的其他业务收入即可，这属于比较谨慎的会计政策。

计量方式中暗藏的陷阱

对某些同行业公司之间（尤其是房地产公司）进行比较的时候，如果简单比较市盈率、市净率，很可能踩进一口巨大的陷阱里。某些看上去市盈率、市净率很低的企业，是因为采用公允价值模式计量其拥有的大量投资性房地产，从而使每年房价的涨幅，体现在当年的净利润和净资产里，“显”得获利能力很强、净资产很高而已。

事实上，公允价值带来的增值，很可能只是存在于幻觉中的虚拟财富。如同你打高 1 分钱买 100 股中石油，总投入约 800 元，却能使中石油公司市值增加超过 18 亿元一样。某些上市公司，尤其是在中国香港上市的某些房地产企业，大量持有公允价值计量的投资性房地产，也喜欢玩用800元“赚”18亿元的纸上富贵的把戏。

本节要点

科　目	要　点
交易性金融资产	公允价值变动计入利润表
持有至到期投资	实际利率与摊余成本决定投资收益
可供出售金融资产	公允价值变动计入净资产
长期股权投资	分红影响利润（成本法），或经营盈亏影响利润（权益法）
买入返售金融资产	一种用以规避监管的抵押贷款
投资性房地产	公允价值模式对利润和净资产影响巨大

第五节　负债和所有者权益

负债也是“权益”，是债权人的权益。债权人享受收回本金和按约定收回利息的权利，没有参与经营的权利，也没有参与企业收益分配的权利。所有者既具有参与企业管理的权利，也具有参与收益分配的权利。

负债可以单独直接计量，一般以条款明确的“契约”为基础。负债的价值通常由既定数额或既定计量模式确定，计量的主观性较小，一般很少引起会计学上的争论。而所有者权益除了最初投资以外，一般不能直接计量，需要通过资产和负债的计量来进行间接计量。

负债

负债很简单。投资人对财报的关注重心主要是资产。资产可能恶化，而负债却不会变得更糟。而且，负债里通常很少会有假账。直接隐瞒负债的造假，现在已经很是少见了。

和报表的资产分类一样，负债也按照到期时间是否在一年内，分为“流动负债”和“非流动负债”。老唐认为，这也是为了方便债权人（例如银行）了解公司偿债能力。对投资人而言，需要换个角度看。

投资人应如何看负债

投资人看负债的角度至少可以有另外两种：一是以负债的来源，分为经营性负债、分配性负债和融资性负债；二是以是否承担利息，分为有息负债和无息负债。

经营性负债是伴随企业经营性活动而产生的，包括各类应付××、应交××、预收账款等。分配性负债是伴随企业的盈利而产生的，主要指应付股利和应交所得税。没有盈利的企业，通常不会产生分配性负债。融资性负债则包括各种形式的长短期借款。经营性负债和分配性负债通常是无息负债，而融资性负债一般是有息负债。

对于分配性负债，有个细节要注意：公司股东大会一旦通过分红方案，该笔分红对应的现金额就会变成一笔分配性负债，报表里就变成公司欠股东的钱，需要从所有者权益（净资产）的“未分配利润”科目，划入负债的“应付股利”科目，使公司的净资产出现大幅下降。这只是个会计数字游戏而已。当你发现公司净资产锐减，请查看一下是不是这个原因。

当再融资或其他资本市场活动被要求与净资产收益率挂钩的时候，有些公司会狠狠地宣布一笔分红。这不是为了回馈股东，而是为了降低期末净资产基数，从而在净利润不变的前提下，提高净资产收益率（净资产收益率＝净利润/净资产），让其符合监管方的要求。先大额分红、再巨额融资的“飞去来器”型公司，不少是利用了这个规则。所以，投资人看见公司实施大额现金分红时，请多想一分钟吧。

负债是把双刃剑（老唐就没见过单刃剑，单刃的那叫刀）。一方面它可以扩大企业控制的资产规模，为股东创造更多财富；另一方面，它可能成为企业不能负担的重，在危机中吸干企业最后一滴现金流，成为推动企业轰然倒塌的重要推手。当然，这推手一般由有息负债承担。

因而，对于负债这部分，投资人最需要关注的，是企业的现金及现金等价物能否覆盖有息负债，也就是说，如果情况有变，企业现在手头的现金及现金等价物能否偿还债务。其次要关心的，是有息负债占总资产比例。这个因行业而异，最好和同行，尤其是行业内龙头企业对比一下。大幅高于或大幅低于同行，都值得投资者思考一下原因和后果。

以贵州茅台为例解读负债

翻到贵州茅台2013年财报的第43页——合并资产负债表，负债部分如下所示。部分负债项目，已经在经营相关资产和生产相关资产部分介绍过了，这里补充需要解释的漏网之鱼。

流动负债：			
短期借款			
向中央银行借款			
吸收存款及同业存放	（十八）	2,773,189,099.54	
拆入资金			
交易性金融负债			
应付票据			
应付账款	（十九）	284,748,288.89	345,280,977.68
预收款项	（二十）	3,045,113,586.10	5,091,386,269.55
卖出回购金融资产款			

续表

流动负债：			
应付手续费及佣金			
应付职工薪酬	（二十一）	260,284,491.74	269,657,755.58
应交税费	（二十二）	3,311,880,890.49	2,430,093,461.38
应付利息	（二十三）	27,383,888.89	
应付股利			
其他应付款	（二十四）	1,604,688,158.14	1,389,984,092.02
应付分保账款			
保险合同准备金			
代理买卖证券款			
代理承销证券款			
一年内到期的非流动负债			
其他流动负债			
流动负债总计		11,307,288,403.79	9,526,402,556.21
非流动负债：			
长期借款			
应付债券			
长期应付款			
专项应付款	（二十五）	17,770,000.00	17,770,000.00
预计负债			
递延所得税负债			
其他非流动负债			
非流动负债合计		17,770,000.00	17,770,000.00
负债合计		11,325,058,403.79	9,544,172,556.21

（1）向中央银行借款、吸收存款及同业存放

这两个科目都是金融机构（银行和非银行金融机构）的特权。因

为银行或金融机构吸收的存款，不会放进保险柜锁起来，而是要放贷生息。因而，理论上存在储户无款可提的可能。央行作为银行的银行，承担着解决金融机构短期资金周转不灵的责任，在银行出现短期资金周转不灵的时候，向银行提供资金支持。近期市场热炒的 SLF（常设借贷便利）和 PSL（抵押补充贷款），便是这种类型。央行掌握货币发行权，理论上可以出借无限数量的货币。

吸收存款和同业存放是金融机构的重要科目。因为贵州茅台下属子公司——茅台财务公司于 2013 年 5 月开始营业，这个科目便产生了数字。2012 年财务公司没有开业，所以期初数字是空白。

吸收存款，指茅台集团及其下属子公司在茅台财务公司的存款。请投资者注意，不包括上市公司及其下属子公司的钱。因为财务公司也是上市公司下属子公司，因而上市公司及上市公司下属子公司存放于财务公司的钱，在合并报表里，等于是自己的钱存在自己兜里，利息自己给自己，所以抵销掉了。这里反映的都是茅台集团及其子公司（除股份公司及其子公司）的钱。

所谓同业存放，指其他金融机构存放于财务公司的钱。投资者可以输入“吸收存款及同业存放”搜索明细构成。从明细里看，2013 年的 27.73 亿元中没有同业存放。

获得资金(吸收存款及同业存放)

关联方	2013 年 12 月 31 日
中国贵州茅台酒厂(集团)有限责任公司	2,474,439,081.30
贵州茅台酒厂集团技术开发公司	174,549,252.34
贵州习酒销售有限责任公司	61,828,032.99
贵州茅台醇营销公司	31,460,741.24
贵阳茅台贸易公司	13,918,859.46
北京茅台贸易有限责任公司	6,056,479.31

续表

关联方	2013 年 12 月 31 日
贵州茅台酒厂(集团)保健酒业销售有限公司	5,485,048.76
贵州茅台酒厂(集团)贵阳高新置业投资发展有限公司	1,463,336.01
贵州茅台酒厂(集团)保健酒业有限公司	1,356,467.09
贵州茅台酒厂(集团)习酒有限责任公司	725,127.30
上海贵州茅台王子酒业有限公司	700,321.00
上海贵州茅台实业公司	650,298.91
贵州茅台酒厂(集团)置业投资发展有限公司	556,052.93
合计	2,773,189,099.54

这部分资金是需要付息的。2013 年，茅台财务公司为此付出了约 0.35 亿元的利息（合并利润表—营业总成本—利息支出）。但同时，这些钱自身也在产生利息收入和手续费收入，2013 年合并利润表显示收入为 1.49 亿元。所以，类似财务公司吸收存款的钱，虽然看上去要付息，但和企业因为经营或其他需求付息借债有区别，通常无须视为有息负债。

（2）应付职工薪酬

应付职工薪酬，包括职工的工资、奖金、保险、公积金、福利（货币或非货币）、工会经费、职工教育经费、辞退补偿等。其中付给一线员工的，计入生产成本；付给车间管理人员的，计入制造费用；付给企业管理人员的，计入管理费用；付给销售人员的，计入销售费用；付给在建工程相关人员的，计入在建工程。

由此便诞生了一个适用于小规模上市公司的财务操纵技术，老唐说来供朋友们一乐。话说如果你是公司高管，主管生产，年薪300万元，会计会把你的工资计入管理费用，从利润表里减去，使当期公司营业利润减少300万元。如果企业今年想让报表漂亮点，可以通过任命你为车间主任、待遇不变的方式轻松达成。这样，你的工资就算制造费用，进入生产成本，变成存货。要等存货卖出去（假设存货次年卖出），才结转为营业成本。那么今年公司的营业利润，就可以多出300万元（要是有10位高管下车间……）。此法也可能结合前面谈过的加大生产降低本期营业成本法使用。对小市值公司，投资者可以关注公司内部职务变动，也许有笑点。

由于职工工资很难下降，经济学上叫作“工资黏性”，通俗说，就是涨工资都高兴，如果降工资，哼哼，就算工人不闹事，工作积极性也会下降。因此，如果公司净利润率很低（净利润 ÷ 营业收入），而职工人数又比较多的话，投资者可能需要自己做个测试，看工人工资上调多大比例，会使公司由盈转亏。该比例如果比较小，建议慎重决策。

前面说过，利用现金流量表中“支付给职工以及为职工支付的现金”科目和负债表“应付职工薪酬”科目可以计算出年度员工薪酬总数。计算方法如下：

假设应付职工薪酬期末余额为A，年初余额为B，现金流量表支付给职工以及为职工支付的现金为C。那么

$$员工本年度薪酬总额 = A - B + C$$

老唐要再次提醒大家注意，薪酬总额并不等于员工拿到手的钱。

（3）专项应付款

在非流动负债里，还有个科目叫“专项应付款”。它是政府投入的具有专项或特定用途的款项。这笔款无须偿还，算是一种“良性”

债务。简单说，就是政府白给的。按政府指定用途花光验收以前，就放在“专项应付款”里。

输入“专项应付款”搜索，会在茅台 2013 年财报第 78 页发现其由三个项目构成，如下所示。

（二十五）专项应付款：

项目	期初数	本期增加	本期减少	期末数	备注说明
白酒安全检测能力建设项目	5,000,000.00			5,000,000.00	
高品质白酒清洁酿造与工农业产业链接关键技术及示范	2,770,000.00			2,770,000.00	
茅台酒糟生物转化项目	10,000,000.00			10,000,000.00	
合计	17,770,000.00			17,770,000.00	

其他各类应付账款、应付票据、其他应付款、应交税费、递延所得税负债等科目，在资产部分介绍过了，此处不再赘述。

所有者权益（或股东权益）

所有者权益，也叫“股东权益”，由公司总资产减去总负债得出。所有者权益主要由四部分组成，即实收资本、资本公积、盈余公积和未分配利润。

投资人一般习惯将所有者权益称为“净资产”，但事实上属于上市公司股东拥有的净资产，只是所有者权益部分“归属于母公司所有者权益合计”科目里的数字，不包括“少数股东权益”。

因为合并报表范围内的子公司，并非全部由上市公司持股 100%，因而持有剩余股权的个人或法人，便被称为“少数股东”。其股权对应的净资产，在合并资产负债表里，被称为“少数股东权益”。其股权对应的当年损益，在合并利润表里，被称为“少数股东损益”。该科目由报表合并而起，所以母公司报表无此科目。

所有者权益（或股东权益）:			
实收资本(或股本)	（二十六）	1,038,180,000.00	1,038,180,000.00
资本公积	（二十七）	1,374,964,415.72	1,374,964,415.72
减:库存股			
专项储备			
盈余公积	（二十八）	4,220,803,927.18	3,036,434,460.46
一般风险准备	（二十九）	13,296,286.27	
未分配利润	（三十）	35,974,971,858.64	28,700,075,247.50
外币报表折算差额			
归属于母公司所有者权益合计		42,622,216,487.81	34,149,654,123.68
少数股东权益		1,506,875,785.45	1,304,382,273.57
所有者权益合计		44,129,092,273.26	35,454,036,397.25
负债和所有者权益总计		55,454,150,677.05	44,998,208,953.46

实收资本和资本公积

对于我国的股份公司而言，实收资本也叫“股本”，就是营业执照上的注册资金。它等于股份总数乘以股票面值（我国上市公司，目前只有紫金矿业股票面值 0.1 元，洛阳钼业股票面值 0.2 元，其他公司都是 1 元面值）。如贵州茅台实收资本科目数字是“1038180000”，表示整个公司有 103818 万股，你如果拥有 1 万股，那么你在公司就有 1/103818 的发言权。该科目年初余额数字相同，证明公司在 2013 年内没有发生配股、送股、增发等行为，股本总额没有发生变化。

若股票面值 1 元，总股本 1 亿股，那么实收资本就是 1 亿元。如果股票发行价 30 元，那么另外的 29 元（合计 29 亿元）就是股本溢价（也叫“资本溢价”），进入资本公积。资本公积，是股东投入的超过股本的部分，不是由企业利润形成的。因而，资本公积可以用来转增股本，但不能用来分配。不允许分配，主要为了防止将融资过程中的资本增值当作利润分掉，演化成老股东吃新股东投入资本的传销盛宴。

因为资本公积不是从利润中来，用它转增股本，只是股东投入在不同科目间的调整，不涉及利润分配。所以，用资本公积转增股本不扣税。上市公司用盈余公积或未分配利润送红股，虽然看上去和用资本公积转增股一样，股东都是无须额外付款而收到股票，但来自盈余公积和未分配利润的红股，被视为利润分配行为，需要股东支付所得税。

资本公积放置股东的投入。因而，在公司持续存在期间，不是经由交易产生的公司所得，一般也会被归入资本公积科目内。但是，有两种情况例外：一是交易性金融资产和（采用公允价值模式核算的）投资性房地产的公允价值波动，二是汇率波动导致的外汇资产汇兑损益。

茅台财报中有 13.75 亿元资本公积，主要是 2001 年上市发行 6500 万股新股（公开发行 7150 万股，其中 650 万股是国有股减持）带来的约 19.5 亿元资本溢价（发行价 31.39 元，其中 30.39 算资本溢价，乘以 6500 万股，减去发行费用）。今天的资本公积不到 19.5 亿元的原因，是因为上市以来有 4 年向股东进行过转增。

库存股是公司持有自己的股票。目前我国上市公司中暂时罕见自持库存股的。专项储备，是要求高危行业企业提取的安全生产费及类似性质的费用。一般风险准备，是要求金融机构为贷款提取的、为了预防可能产生的亏损而准备的一笔钱。这三项，投资者知道即可。

盈余公积和未分配利润

一家企业经营获利以后，利润的分配是有规定顺序的。首先，要弥补以前年度的亏损（若有）；其次，要按照当年税后利润的10%计提法定盈余公积；再次，由股东自行决定是否提取及提取多少任意盈余公积；最后，决定是否向股东分配。

盈余公积是利润里留下来，继续投入扩大再生产的钱。其中法定盈余公积是个具有中国特色的科目，是政府强制股东留下来扩大再生产的钱。任意盈余公积，则是股东们自愿决定留下来扩大再生产的钱。法定盈余公积规定是当年利润的10%，累积到注册资本的50%以后，可以不继续提取。任意盈余公积是否提取，提取多少，由股东们自定，无上下限。

请投资者注意一点，法定盈余公积的10%提取要求，是以上市公司本部净利润（母公司利润表净利润）为基数的。“法定”管的是法律实体。合并报表是会计意义上的单位，不是法律意义的公司。投资人关心合并报表习惯了，很容易忘记这一点。

企业挣的钱，提取了盈余公积后，剩下的就是未分配利润。未分配利润的用途由股东自己决定。

企业可以利用盈余公积或未分配利润送红股，当然，前提是有利润，且要保证送股后，盈余公积不得低于注册资本的25%。企业也可以利用资本公积转增股本，无须考虑是否有利润。有资本公积没利润，也是可以转增股本的。

从资金用途的自由度上来说，未分配利润最自由，股东自由决定用途；盈余公积次之，可以用以弥补经营亏损或者向股东送股；然后是资本公积，只可以转成股本（注册资金）；注册资金就完全不能动了，抽逃注册资本是刑事犯罪。

但所有者权益科目，只是会计上的分类。不同科目的资金使用限制不同，是为了保护企业债权人利益，防止股东把公司分光跑了（熟悉吧，某名酒董事长说的）。实际经营中，金钱在公司是被一视同仁使用，不会说这笔款是资本公积，那笔款是未分配利润。

公司历年都盈利，账上累积了数额巨大的未分配利润，但这并不意味着有那么多现金等着去分。公司账上的现金，是货币资金科目里的现金及现金等价物数据，而不是未分配利润科目数据。未分配利润，很可能已经被公司投资出去，变成土地设备、固定资产、在建工程及其他各种投资；或者有些公司的净利润，本就是通过无现金流入方式创造出来的，是无法马上变成现金的未分配利润。

财报显示茅台2013年底拥有盈余公积约42亿元，未分配利润约360亿元，加上股本和资本公积后，总和约426亿元，就是属于上市公司股东所有的净资产，报表上叫“归属于母公司所有者权益”。用这个净资产除以总股本，便可以得到每股净资产数据。

那么这个净资产，是不是指公司被出售了，股东所能得到的东西呢？错！回忆我们了解整个资产负债表时，涉及每一项资产的规则、估计和假设，并回想那计算过程中忽略掉的无形资产和自创商誉，我们便可以知道，公司的市场价值几乎永远不可能会与净资产值相等。对于上市公司而言，市场价值就是总股本乘以股价，是一个经常变动的数字。

归属于母公司所有者权益，加上少数股东权益，便是合并报表权益的总数。权益的总数加上负债的总数，便是资产的总数。这就是我们入门时知道的会计第一恒等式：资产 = 负债 + 所有者权益。你控制的 = 你借的 + 你拥有的。

本节要点

科　目	要　点
负债	关注有息负债与现金及等价物及总资产的比例
股本和资本公积	面值算股本，股东投入超过面值的部分算资本公积
盈余公积	法定或自愿留下来用于扩大再生产的钱
未分配利润	资金支配自由度高。有未分配利润不等于有现金可分

第六节 快速阅读资产负债表

现在，大家已经了解每个科目的含义，拿着资产负债表不会眩晕了。接下来，我们聊聊拿到一份资产负债表后，怎样在最短的时间里抓住要点。

拿到一份资产负债表，老唐个人喜欢按照日常生活中“先找钱后花钱”的习惯，先看钱的来源，再看钱的去处。也就是说，先看报表的右边（或下边）。

负债和所有者权益优先看

首先看财报最后一行“负债和所有者权益合计”栏目的数字（第44页），便知道公司有多少家当（资产 = 负债 + 权益），再看上一行“所有者权益合计”，便知道了公司有多少钱是自己的，多少钱是借来的。如贵州茅台2013年财报，如下所示。

所有者权益合计		44,129,092,273.26	35,454,036,397.25
负债和所有者权益合计		55,454,150,677.05	44,998,208,953.46

法定代表人：袁仁国　主管会计工作负责人：何英姿　会计机构负责人：汪智明

上表数据告诉我们，公司2013年的总资产约555亿元，比2012年的450亿元增加了105亿元。555亿元中有441亿元是自己的，差额114亿元是借的。2012年的借款是95亿元（450－355），所以2013年增加的105亿元资产中，有19亿元是新借的，其他86亿元是挣的钱。问题来了，2013年净利润是159亿元，怎么这里只有86亿元？答案是：差额部分分红分掉了。

负债表从何入手

针对负债，接下来就要寻找以下问题的答案：为何借？向谁借？借多久？利息几何？这几个问题，是帮助我们理清楚企业借款的原因及迫切程度。如果企业借款的代价比较高，通常都是一种危机信号。尤其是如果一个企业资产负债表显示自有货币资金挺多，但仍然以比较高的利率借款，那简直是在用大喇叭对着高山喊：鬼在这里，鬼在这里……

我们仔细看茅台的负债部分：

流动负债：			
短期借款			
向中央银行借款			
吸收存款及同业存放	（十八）	2,773,189,099.54	
拆入资金			
交易性金融负债			
应付票据			
应付账款	（十九）	284,748,288.89	345,280,977.68
预收款项	（二十）	3,045,113,586.10	5,091,386,269.55

续表

流动负债：			
卖出回购金融资产款			
应付手续费及佣金			
应付职工薪酬	（二十一）	260,284,491.74	269,657,755.58
应交税费	（二十二）	3,311,880,890.49	2,430,093,461.38
应付利息	（二十三）	27,383,888.89	
应付股利			
其他应付款	（二十四）	1,604,688,158.14	1,389,984,092.02
应付分保账款			
保险合同准备金			
代理买卖证券款			
代理承销证券款			
一年内到期的非流动负债			
其他流动负债			
流动负债合计		11,307,288,403.79	9,526,402,556.21
非流动负债：			
长期借款			
应付债券			
长期应付款			
专项应付款	（二十五）	17,770,000.00	17,770,000.00
预计负债			
递延所得税负债			
其他非流动负债			
非流动负债合计		17,770,000.00	17,770,000.00
负债合计		11,325,058,403.79	9,544,172,556.21

114 亿元负债中，有 28 亿元是财务公司吸收的存款，30 亿元是预收款，33 亿元是应交税费，其他 23 亿元是生产经营中正常的应付款，

都不是因没钱而借的有息负债。

深挖负债有方法

如果这些负债中，有让你感到疑惑的数字，老规矩，在财报中搜索相关解释。例如，为什么茅台那么有钱，还欠33亿元税款不交呢？投资者可以输入“应交税费”搜索明细。在财报的第78页中可以找到答案，具体如下所示。

增值税	562,486,836.89	470,576,873.82
消费税	243,153,840.84	259,500,310.54
营业税	428,794.72	357,440.00
企业所得税	2,310,139,914.56	1,469,957,553.78
个人所得税	46,257,754.01	96,871,863.58
城市维护建设税	101,787,102.50	76,355,542.37
城市教育费附加	23,084,576.76	20,037,449.12
地方教育费附加	15,804,454.94	13,290,215.83
房产税	214,961.75	17,137,033.37
土地使用税	1,711.64	111.17
价格调节基金	8,253,559.99	5,823,243.42
印花税	267,381.89	185,824.38
合计	3,311,880,890.49	2,430,093,461.38

这份明细展示了欠税的主要部分是所得税23亿元，增值税和消费税8亿元，其他2亿元。这时我们就要理解企业日常财务活动中一个报税的问题。年度财务报表截至12月31日，但企业不可能在这一天内将四季度相关税收缴纳至税务局。通常，这些税款会在次年一季度完成缴纳。因而产生应交税费是任何一家企业都有的，关键是要看其和企业经营是否匹配。

｜阅读扩展：如何继续挖掘报表中的数据，解答自己对报表的疑惑｜

例如，看了上面的应交税费明细，老唐觉得其他税收都符合四季度经营规模，但企业所得税欠得有点多。23 亿元税收对应 69 亿元净利润（$23 \div 0.25 \times 0.75 = 69$），茅台四季度有 69 亿元净利润吗？查看三季报净利润与年报净利润的差额，我们发现四季度公司净利润只有 43 亿元出头，对应所得税应该是不到 15 亿元才对。那么这 8 亿多元差额又是什么东西呢？

回忆一下前面谈递延所得税资产的时候，谈到有些母子公司或子子公司之间的内部销售会被税务局征税，从而产生递延所得税资产的事儿。我们立刻搜索“递延所得税资产”，找到这 8 亿多差额。

项目	期末数	期初数
递延所得税资产		
资产减值准备	2,528,516.73	3,231,829.03
应发未发效益工资	53,718,011.35	53,718,011.35
合并报表抵消未实现内部销售损益	597,674,736.05	456,704,549.62
其他	171,451,260.52	130,002,523.32
小计	825,372,524.65	643,656,913.32

递延所得税明细里，能看见有近 6 亿元的内部销售损益产生的所得税（对应着约 24 亿元的内部销售）是被税务局认为需要缴纳的企业所得税，这部分将会在次年一季度被冲抵掉。

如果你有兴趣，还可以继续挖掘，三季报资产负债表的“预收账款余额”是 19 亿元，而年报里则是 30 亿元出头。这意味着四季度除了确认在报表里的收入以外，还额外增加了 11 亿元左右的预收款。这部分中可能有被税务局确认的销售，在公司制作合并报表时，被归入“未实现的内部销售”，将在次年一季报中体现出来。

摸清债务明细后，我们可以计算一下企业的负债率。通常教科书会用“负债/总资产”来计算负债率，但老唐认为这种方法参考意义不大。负债中的无息负债对企业而言没有压力，因此，有价值的负债率计算应该使用“有息负债/总资产”。

企业的负债率，应该和同时期、同行业的其他企业比较。虽说好企业一般有息负债率都低（如茅台有息负债率 =0），然而，将不同行业的公司放在一起比较负债率，仍然是不合适的做法。但原则上说，如果有息负债超过了总资产的六成，企业算比较激进了。如果遇到宏观或行业的突变，企业陷入困境的可能性就比较大。因此，对于有息负债比率比较高的企业，投资者应多一份小心。

资产项目

弄明白了钱的来源以后，我们可以看钱的去处了。对于一家企业而言，看钱的去处，无外乎看原来的钱分布有何变化，新钱（新借的和新挣的）花哪儿去了。这两项都需要和前一年的财报对比，所以监管者很人性地规定，资产负债表的数据后面，都附着上期数据，方便阅读者使用。

速读资产项目，老唐首先会看一眼总资产，也就是“资产总计”那一行的数字，或者索性用刚才看的最后一行“负债和所有者权益合计”数字（资产 = 负债 + 所有者权益），从而对公司总资产数据有个大概的印象。如拿到贵州茅台 2013 年财报，你会看到总资产 555 亿元，相比去年的 450 亿元，增长了 105 亿元，这是第一个总体印象。

然后看四个要点：生产资产 ÷ 总资产；应收 ÷ 总资产；货币资金 ÷ 有息负债；非主业资产 ÷ 总资产。这些比值可以考虑从三个角度看，即结构、历史、同行。

解释这些比值之前，老唐必须声明：这些纯属个人经验，且为求让各位读者瞬间看懂，所用概念并不严格吻合专业教科书定义，建议有兴趣深入挖掘的读者，继续阅读专业教科书。

结构分析：轻资产公司优于重资产公司

老唐此处所谈的生产资产，一般教科书里可能会称之为“有形资产”。但老唐通常会把无形资产的重要组成部分——土地也包括在内。为避免有形和无形的混淆，我们就暂时叫它“生产资产”吧。它包括企业资产负债表里的固定资产、在建工程、工程物资以及无形资产里的土地。如贵州茅台公司 2013 年财报中，这几块合计约 125 亿元。

通过计算生产资产占总资产的比例，我们可以评价这个公司的类型。占比大的一般被称为“重公司”，占比小的则被归为“轻公司”（或重资产公司、轻资产公司）。

重公司通常需要不断投入资金进行维护、更新或升级，并产生大量折旧。这在以通货膨胀为常态的时代，可不是股东的好消息。为什么呢？老唐在这里虚构个简单的例子来说明。

公司某设备预期能用 5 年，5 年前买价 1000 万元，每年折旧 200 万元（忽略残值）。今年要更新了，发现同样设备的价格已经是 1500 万元了，5 年累计计提的折旧 1000 万元不够了，需要另外加 500 万元。再一看账本，好家伙，忙活 5 年，净利润一共就 500 万元，白干了（类似前几年地价飞涨时的某些小地产商。买了地修了房，打广告卖光房，长舒一口气。再一看收回的资金，想在隔壁买块同样大的地，还差一点点）。所以，如果可以选择，一般来说，老唐不建议投资者选择重资产企业。也许由少数两三家寡头垄断的重资产行业，好歹还能存在一些值得投资的公司；而那些市场份额分散的重资产行业，几乎不大可能有矿可挖。

如果要投重资产公司，只能在行业高增长的时间进去，在市场饱和前就要出来。重资产行业的一大特点，就是一旦没有新需求后，已经投入的产能退不出来。要退的话，价值归零。因而在行业需求饱和的情况下，企业为了争夺市场，最常见的手段，就是以可变成本为底线，展开价格战，力求将固定成本救回一点算一点（请回忆增加生产、增加存货，降低营业成本，获取账面利润的那部分内容）。届时股东才发现，企业的现金会像流进沙漠的水一样，被资产折旧迅速吸干。

重资产公司，因为会固定地产生大量折旧或摊销，必须有大量的产品来分摊（请回忆存货环节固定成本内容），一旦产品销量下滑，单位产品分摊的固定成本会使企业更容易滑向亏损的泥潭。而轻资产公司，恰好巧妙地避开了高固定成本，其产品或服务的成本，主要是可变成本。即使遭遇市场不景气，成本也会跟随销量下滑，使企业更容易在逆境中保持赢利能力。作为投资者，因为有条件选择，所以完全可以将注意力放在那些不需要持续更新资产的企业上。正是因为不需要投入太多资金更新资产，因而企业有条件让股东分享更多的企业利润。当然，并非没有例外。例如，若能确认显而易见的便宜，或处于行业高增长初期，重资产公司一样可以成为优质的投资目标。

轻重又以什么标准划分呢？老唐个人习惯，是用“当年税前利润总额/生产资产”，得出的比值如果显著高于社会平均资本回报率（按银行贷款标准利率的两倍毛估），则属于轻公司，反之则属于重公司。

如贵州茅台 2013 年年报显示，生产资产合计约 125 亿元，当年税前利润总额 214 亿元。214 ÷ 125 = 171%。这个比例显著高于社会资本平均回报率（6% ×2 = 12%），证明很多利润是靠生产资产之外的其他资产赚来的。换句话说，其他人若同样投入 125 亿元，可能只能获得约 15 亿元的利润。那么，多出来的 199 亿元（214 - 15），就是“轻”资产创造出的利润。

历史分析：通过财报看透行业

看了结构，我们要看历史，看公司自身生产资产/总资产比例是如何变化的。然后将自己放在企业老板的角度，思考为什么变重，或为什么变轻？企业加大的是哪块资产，减少的又是哪块资产，利弊分别是什么？

同样，可以统计竞争对手相关数据，对比他们在年内变化的异同。如果方向趋同，说明业内人士对行业发展的战略估计基本一致，所采用的策略也基本一致，大致说明行业维持原有方向，未发生突变或转折。如果两家企业在资产配置上出现了迥然不同的安排，如一家变得更重，另一家变得更轻，那么可能说明行业内人士对企业的发展战略和方向出现了不一样的看法。此时，对于投资人来说，可能就潜藏着机会或者陷阱。你看好哪种方向，为什么？你会下注哪种方向，为什么？

这些对比，财务报表就只能提供数据，不能给出答案了。财报是分析公司的起点，投资者应深刻认识行业及企业的特性，再结合财报数据，才可能做出正确的决定。而认识行业和企业，阅读财报是必经之路，大量阅读行业内重要企业的财报，是取得投资比较优势的重要途径。

财务稳健、业务专注的企业值得信赖

接着，看应收款占总资产的比例，货币资金与有息负债的比例，非主业资产占总资产比例，这三块都简单易懂。

应收款，老唐一般用资产负债表的所有带“应收”两个字的科目数字总和，减去“应收票据”里银行承兑汇票金额（银行承兑汇票等于略打折的现金）。

如何分析应收与总资产的比例?

第一看是否过大。总资产里过半都是应收款，这公司显然有问题（一般超过三成已经算严重了）。拿应收账款余额除以月均营业收入，看应收账款大致相当于几个月的收入（应付账款也可以这么看），思考是不是过大了。但究竟多大算“过大”，没有一个标准的衡量原则，要根据各个行业的商业模式来定。有些行业普遍偏高，有些行业普遍偏低。最好对比同行业其他公司数据，处于中位数以上的，可以暂时认为是偏大了。作为老唐个人投资偏好，是偏向于这个比例越小越好，近于零最好。

第二看是否有巨变。正常来说，不应该发生超过营业收入增幅的应收款增幅。如果发生了，一般说明企业可能采用了比较激进的销售政策，这不是好苗头。当然，如果比例本来很低，巨大的增幅，实际上是微不足道的数额变化，则可以忽略。如百亿元级资产和营收规模的企业，应收款从0.1%“剧烈”增长到0.3%，增幅高达200%，但绝对数微不足道，这种就无须太过关心。

第三看是否有异常。所谓异常，如某些应收款单独测试减值为零，应收款集中在少数几家关联企业，或者其他应收款科目突然大幅增加，等等。

货币资金/有息负债，这个比例主要看公司是否有债务危机。公司的货币资金，尤其是现金及现金等价物，是公司的安全保障。巴菲特曾经说过：“现金就像氧气，99%的时间你不会注意到它。直到它没有了。”

老唐的个人看法，一个稳健的、值得信任的公司，它的货币资金应该能够覆盖有息负债。在出现紧急情况时，能够保证生存。至多可以放松至货币资金加上金融资产，两者合计能够覆盖有息负债。这个比值，是个刚性标准，可以和历史比较，看看企业发生的变化，但无须和同行比较。

至于非主业资产/总资产，是看一个公司是否将注意力放在自己擅长的领域。如果和主业经营无关的资产占比增加，如一家制造业企业，将大量的资金配置于交易性金融资产、可供出售金融资产、持有至到期投资、银行理财产品或投资性房地产，这些信号明显地说明，这家公司管理层在自己的行业内已经很难发现有潜力的投资机会。

不同口径报表之间的关系

上面是以投资人关注的合并资产负债表为例讲解的，至于母公司的资产负债表，阅读方法和合并资产负债表一样。只是要特别注意，在母公司报表中，旗下所有子公司拥有的资产、负债和权益，全部被归在一个长期股权投资科目里，且该科目只反映股份公司投资成本。至于这些成本在子公司已经变成多少净资产、多少负债和多少总资产，母公司报表都不体现。

母公司报表中，除了长期股权投资以外的科目，就是股份公司直接拥有的资产、负债和权益。合并报表的各个项目（除了长期股权投资），减去母公司资产负债表的对应项目，差额就是属于子公司的部分。

还是拿贵州茅台 2013 年财报举例。财报中合并资产负债表的货币资金项目是 251.85 亿元，母公司的货币资金项目是 117.68 亿元，差额 134.17 亿元就在下属子公司账上；合并的存货项目是 118.37 亿元，母公司的存货项目是115.71亿元，差额2.66亿元就是子公司的存货。如果了解茅台公司的经营模式，就知道这2.66亿元，就是截至2013年12月31日，销售公司从母公司买来的商品酒中，还没有完成销售的那部分酒的成本。按照茅台财报整体93%左右的毛利率估算，对应约价值38亿元的商品酒（所谓毛利率93%，意味着存货成本为7元的商品，能够创造100元营业收入。故2.66÷7%=38亿元）。这些通常或是在库房、路途、中转仓、直营店等处，或是经销商提货后，还没来得及入账。

本节要点

科　目	要　点
负债与权益	看有息负债的占比、期限、利率
资产	生产资产÷总资产；应收÷总资产 货币资金÷有息负债；非主业资产÷总资产

第三章

资本市场追捧的表——利润表

资产负债表是财报阅读的难点，也是这本书的难点。如果你一路顺畅读到了这里，恭喜你，目前你已经是半个行家了。自利润表起，后面的阅读难度已经大大降低了。要不了多久，财报就会成为你的商战小说、休闲读物。来吧，开始你的轻松之旅。

第一节 利润表的重点

利润表也叫“损益表”，它是最受资本市场追捧的表。上市公司在发布年度财务报告时，会特意单独发布一份“年报摘要”，其中展示的大部分数据都来自利润表。年度财务报告里也会单列一节内容叫“会计数据及财务指标摘要”，其中大部分数据同样来自利润表。

市场为何追逐利润表

市场之所以如此重视利润表，是因为股价由市盈率和每股收益的乘积决定，即

P（股价）=PE（市盈率）×E（每股收益）

因为PE=股价÷每股收益，所以这个公式是个永不会错的套套逻辑（Tautology：同义反复）。但它提供了一个看问题的角度，引导意图获取股票价差的投资人永远关心两个数字：市盈率和每股收益。

对这两个数字的不同侧重，产生两种不同的投资体系：一种体系追逐市场参与者心理变化，捕捉市盈率从低到高或从高到更高的股价

变动；另一种体系分享企业成长，寻找每股收益从低到高或从高到更高的收益。当然，也有集大成者，追求市盈率和每股收益双增长的“戴维斯双击”。

知识链接：戴维斯双击

戴维斯双击是美国戴维斯家族的投资哲学。老戴维斯 1947 年以 5 万美元开始投资，至 1994 年去世时，拥有 9 亿美元财富，47 年增值 1.8 万倍，跻身世界级投资大师行列。别怕，1.8 万倍看着很恐怖，其实每年“只”赚 23%，持续了 47 年。

戴维斯双击的思路很简单，就是寻找 10 倍以下市盈率、经营业绩年增长能达到 10% ~15% 的企业，享受其业绩增长和市盈率增长对股价的倍增效应。如某企业今年每股收益 1 元，预期年增长能达到 15%，当前市盈率 8 倍（眼下 A 股这类企业不罕见），股价为 8×1=8 元。假如五年后市场情绪回归正常，给该公司 15 倍市盈率（A 股经常在牛市中给 30 ~50 倍市盈率），那么五年后的收益为 2 元，股价为 15×2=30 元。投资者 5 年 3.75 倍，折合年复合收益超过 30%。

与戴维斯双击相反，股价承受了估值和收益双下降打击，被投资界称为“戴维斯双杀”。如果只是市盈率或收益的上升或下降带来的股价变化，投资界称之为“戴维斯单击”或“戴维斯单杀”。

各位，站站队，理清楚自己的投资体系到底是 A 追逐市盈率变化，还是 B 追逐企业收益变化，或是 C 集大成？

A 流派，对企业收益的把握能力要求稍低，追求收益不下降或降幅小于市盈率增幅即可。例如，当年 1 元的每股收益，10 倍的市盈率，你夜观天象，掐指一算，判断市场情绪将会直奔 20 倍市盈率去，于是准备下手吃一倍差价。慢着，你得先分析分析每股收益会不会下降。否则等市场如你所愿到20倍市盈率时，每股收益变五毛了，结果是：10×1＝20×0.5，股价差＝0，糟蹋了天象。至于B和C，投资收益本就以每股收益变化为基石或基石之一，自然需要特别关心。

每股收益，就是利润表要汇报给股东的重点信息，如2013年茅台财报第48页显示：

六、每股收益：			
（一）基本每股收益		14.58	12.82
（二）稀释每股收益		14.58	12.82

这个数字告诉市场，2013年的每股收益是14.58元（2012年是12.82元）。

这里显示的每股收益有两种：基本每股收益和稀释每股收益。前者是按现有股本算的每股收益，后者是按照现有股本加上潜在股本（发行在外的认股权证、股份期权、可转债等工具可能增加的公司股本）计算的每股收益。因为茅台没有认股权证、股票期权、可转债之类的东西，所以这两个数值是一样的。有兴趣细看基本每股收益和稀释每股收益计算规则的朋友，可以输入“稀释”搜索，在财报第85页找到详细计算过程。

合并利润表与母公司利润表

利润表同样分为合并利润表和母公司利润表。母公司利润表，展示贵州茅台酒股份有限公司本部经营利润及控股子公司当年宣布的分红。合并利润表，展示贵州茅台酒股份有限公司加上其控股子公司的经营活动，抵销了内部交易之后的全部利润总和。如贵州茅台2013年财报第48页展示，合并利润表利润情况为：

五、净利润（净亏损以“－”号填列）		15,964,899,881.05	14,008,450,702.17
归属于母公司所有者的净利润		15,136,639,784.35	13,308,079,612.88
少数股东损益		828,260,096.70	700,371,089.29

它代表贵州茅台本部及其控股子公司，2013年共计从合并范围之外的购买者处赚取了159.65亿元净利润。由于子公司并非全部由上市公司100%持股，因而有8.28亿元利润是属于子公司其他参股股东的，在合并利润表上以“少数股东损益”项目单列。去掉少数股东损益后，属于上市公司全体股东享有的净利润，在利润表上的标准用语就是“归属于母公司所有者的净利润”。这个数字是151.37亿元，就是资本市场投资人最关心的上市公司当年净利润。用这个数字除以茅台公司总股本（10.38亿股），得出的数字就是上市公司贵州茅台的2013年每股收益14.58元。

有些企业，由于存在一些不计入净利润，但直接计入资本公积的利得或损失（请回忆投资相关资产章节：可供出售金融资产公允价值变动、金融资产重分类造成的利得或损失，权益法计算的长期股权投资因非经营因素而发生的净资产变动等），这些利得和损失（专家特意起的名，区别于经营所得的利润和亏损），列入“其他综合收益”。其他综合收益与净利润相加，计算出“归属于母公司股东的综合收益总额”和“归属于少数股东的综合收益总额”。这个综合收益总额，是给股东列出一个备忘，提醒股东净资产里面还存在一些价值变动。但综合收益不属于利润，和每股收益无关。所以，其放在每股收益之后的位置展示。

因为贵州茅台公司不存在上述综合收益，所以综合收益总额和净利润数据一致，具体如下所示。

五、净利润（净亏损以“－”号填列）		15,964,899,881.05	14,008,450,702.17
归属于母公司所有者的净利润		15,136,639,784.35	13,308,079,612.88
少数股东损益		828,260,096.70	700,371,089.29
六、每股收益：			
（一）基本每股收益		14.58	12.82
（二）稀释每股收益		14.58	12.82
七、其他综合收益			
八、综合收益总额		15,964,899,881.05	14,008,450,702.17
归属于母公司所有者的综合收益总额		15,136,639,784.35	13,308,079,612.88
归属于少数股东的综合收益总额		828,260,096.70	700,371,089.29

法定代表人：袁仁国　主管会计工作负责人：何英姿　会计机构负责人：汪智明

看完合并利润表，再看母公司利润表，其利润情况为：

四、净利润（净亏损以“－”号填列）		11,843,694,667.22	3,955,180,871.05

它代表贵州茅台公司本部当年经营利润和投资收益的总和是118.44亿元。投资收益栏目里，显示当年投资收益为119.67亿元。

投资收益（损失以“－”号填列）	（五）	11,966,575,111.55	3,726,590,663.67

通过对比两个数字，便知道贵州茅台公司本部当年的经营活动是微亏的（－1.23亿元）。前面说过，白酒企业乃至所有涉及消费税的企业，一般都会利用消费税只对生产企业征收的规则，单设销售公司，将生产本部产品低价卖给自己控股的销售公司。本部所得去掉成本和税费后持平或微亏，将利润放进销售公司里，达到合法避税的目的。

对于母公司利润表而言，投资收益主要是子公司宣布的分红。输入“投资收益”进行搜索，在财报的第96页可以找到明细（再次提醒投资者，附注说明分为对合并报表的说明和对母公司报表的说明。所以报表第82页还有一份合并利润表投资收益明细，请勿混淆）。

（五）投资收益：

1. 投资收益明细

	本期发生额	上期发生额
成本法核算的长期股权投资收益	11,963,565,111.55	3,723,580,663.67
持有至到期投资持有期间的投资收益	3,010,000.00	3,010,000.00
合计	11,966,575,111.55	3,726,590,663.67

2. 按成本法核算的长期股权投资收益

被投资单位	本期发生额	上期发生额	本期比上期增减变动的原因
贵州茅台酒销售有限公司	11,960,815,111.55	3,718,080,663.67	
贵州茅台名将酒业有限公司	2,750,000.00	2,750,000.00	
北京茅台神舟商贸有限公司		2,750,000.00	
合计	11,963,565,111.55	3,723,580,663.67	/

明细里显示，投资收益主要由“成本法核算的长期股权投资收益”和“持有至到期投资持有期间的投资收益”两种（请回忆长期股权投资和持有至到期投资章节）。

其中按成本法核算的长期股权投资收益（即子公司宣布的分红）明细，在“（五）2.”中详细列出了，由贵州茅台酒销售公司的分红 119.61 亿元和贵州茅台名将酒业的 275 万元组成。

由于子公司的分红数额实际上是由母公司决定的，所以这个投资收益，在子公司当年可分配利润范围内，母公司可以按照需要安排子公司分红。如茅台酒销售公司 2012 年分 37.18 亿元，而 2013 年则分了 119.61 亿元。该分红仅仅体现了母公司的资金安排，没有什么利润多寡的含义。所以，母公司利润表的净利润数据没有关心价值。资本市场投资者关心的净利润数据，主要是合并报表“归属于母公司所有者的净利润”科目。

净利润的产生过程

上面谈了企业的净利润与每股收益、综合收益的关系，接下来我们谈利润表的核心内容：净利润的产生过程。

净利润的产生过程，可以分两步看：①从营业收入到营业利润的过程；②从营业利润到净利润的变化。其中，第 1 步是利润表的重点，也是难点。其中的关键，是理解权责发生制下，对收入和费用的确定。这部分内容比较复杂，老唐将在下一节重点分析。

第二节　创造利润的过程

上节谈净利润的产生过程可以分两步看：①从营业收入到营业利润的过程；②从营业利润到净利润的变化。其中，第 1 步是利润表的重点，也是难点，关键是理解权责发生制下对收入和费用的确定。

前文曾提过的例子：甲公司今年花 70 元买原材料，产生 30 元生产制造费用、40 元其他税费，然后被乙公司打了张 200 元的欠条把货拉走。甲公司会在报表上认认真真地记录 60 元营业利润，并按照 25% 的所得税率，缴纳 15 元给税务局，而后向你汇报今年获得净利润 45 元——其实按照日常生活经验，公司不但没挣钱，反倒是贴出去不少。因而，利润≠挣钱。

日常生活的核算方法，被称为“收付实现制”，是区别于利润表“权责发生制”的另一种核算方法。收付实现制，以现金的收和支来界定收入和费用，收到手上的就是收入，支出去的就是费用。而权责发生制，是以权利或责任的发生来确定应收（应该得到的收入）和应支

（应该支出的费用）。

老唐在这里举个例子解释一下它们的区别。比方说，你从这个月1号上班，公司给的月薪是税后3万元，下月8号发工资。你这个月吃饭、打车等日常开销用了5000元，付了一季度房租6000元，买台笔记本花了5500元。转眼间到了月底31号，如果按照收付实现制，你这个月收入就是0，费用1.65万元，净利润-1.65万元。如果按照权责发生制，你就是收入3万元（体现为应收账款3万元），费用则包括日常开销5000元、本月房租2000元（6000÷3）、本月笔记本折旧（5500-700）÷24=200元（你使用了会计估计，估计笔记本用两年后能卖700元），本月净利润为30000-5000-2000-200=22800元。核算方法的不同导致你本月“净利润”差异高达39300元。

正因为收入及费用并不按照是否收到钱来确定，因而，利润表内几乎每个科目都充满着估计和财务艺术（看看上面对笔记本的估计，要是你估计用五年，利润就会为之一变），也成了造假者大施拳脚的主要舞台。投资者只有弄明白每个科目代表的含义，以及背后的估计方法，才可能正确理解上市公司交出的利润表。让我们打开贵州茅台2013年合并利润表，逐项看下去。

营业总收入

营业总收入科目下面，除了营业收入以外的其他三项（利息收入、已赚保费、手续费及佣金收入），是企业涉及金融业务时才需要单独列报的。由于子公司茅台财务公司属于金融机构，因此这里汇报了“利息收入”1.49亿元和“手续费及佣金收入”12万元，以及营业总成本里对应的“利息支出”0.36亿元和“手续费及佣金支出”9万元。

合并利润表

2013 年 1—12 月

单位：元

项目	附注	本期金额	上期金额
一、营业总收入		31,070,596,222.23	26,455,335,152.99
其中：营业收入	（三十一）	30,921,801,316.60	26,455,335,152.99
利息收入	（三十二）	148,673,987.03	
已赚保费			
手续费及佣金收入	（三十二）	120,918.60	

老唐前面谈过了，这部分收入是茅台财务公司吸收茅台集团及其下属子公司（除股份公司及其下属子公司）的资金后，放出贷款或存放于其他金融机构带来的收入（资产负债表中，截至年底财务公司吸收的存款为 27.73 亿元）。至于股份公司及其下属子公司自己的钱产生的利息收入，要归在财务费用里。

营业收入 309.2 亿元，便是主业经营（卖酒）所得了。一家企业的收入，可以由三种途径产生：销售商品、提供劳务或让渡资产使用权（现金、无形资产、固定资产等）。公司营业收入不包括为第三方或客户代收的款项（代收的增值税不计入报表收入）。

营业收入的确认原则

无论收入途径是什么，都会涉及企业依据什么确认收入的问题。确认收入的规则非常重要。大部分企业的财务造假，都是把不符合确认条件的收入确认为当期收入。过去如此，现在如此，未来可能依然会如此。这是因为有很多企业的销售活动，并不都像卖掉一瓶酒那样清晰明白。

比如，某公司接个项目，需要 6 个月的设计时间并得到客户的认可，此后还需要 12 个月来实施，之后质保三年。今年的收入怎么确定？或某公司商品主要在某特定节日销售，公司会提前很久生产，并租用仓库为客户存储产品，以便于在客户需要时迅速运到客户手上。这笔收入是什么时候赚的？又或者公司卖了某商品给客户，承诺两年后可以加上某金额以旧换新，收入该确定多少？客户没有订购某商品，公司年底“无意”错发了，这样的收入怎么确认？等等。

投资者在财报中输入“满足以下条件时确认”进行搜索，能够找到该公司对收入的确认原则。这个规则在我们第一次阅读某公司财报时一定要看。否则利润表对你而言就是一笔糊涂账。经过第一次以后，你可以不去管它。因为若有变化，公司一定会在重要事项中单列提示。在贵州茅台 2013 年财报里搜索后，能在第 64 页看到如下确认规则。

（十八）收入
1、销售商品收入在同时满足以下条件时确认：
(1) 已将商品所有权上的重要风险和报酬转移给买方；
(2) 既没有保留与所有权相联系的继续管理权，也没有对已售出商品实施有效控制；
(3) 收入的金额能够可靠计量；
(4) 相关的经济利益很可能流入企业；
(5) 相关的、已发生或将发生的成本能够可靠地计量。
2、公司分别下列情况确定让渡资产使用权收入金额：
(1) 利息收入金额，按照他人使用本企业货币资金的时间和实际利率计算确定；
(2) 使用费收入金额，按照有关合同或协议约定的收费时间和方法计算确定。

这里展示了销售商品收入的确认规则和让渡资产使用权收入的确认规则。由于贵州茅台不提供劳务服务，因而没有该项收入确认规则。提供劳务的企业，要么是项目完成后一次性确认收入和费用，要么是采用完工百分比法确认收入和费用。前者简单易懂，后者的操作空间比较大。

完工百分比法，是用劳务完成的百分比乘以合同总价（或估算的总劳务成本）来确认本期应该确认的收入（或费用）。如一栋大楼的装修合同，总价1亿元，公司估算总劳务成本为6000万元（请注意，这个数字是公司自己估的），如果截至今年底完成整个工程的30%，那么，本期将确认收入3000万元，确认费用1800万元（如果成本估计5000万元，费用就只需要确认1500万元）。这两个数字与公司实际收到多少款项以及实际支出多少费用无关。

知识链接：收入确认的例外情况

收入通常按照权责发生制确认，但税法也规定了几种近于收付实现制的例外情况。

（1）利息、租金、特许权使用费，按照合同约定的收款日期确认收入。

（2）以分期付款方式销售货物的，按照合同约定的收款日期确认收入的实现。

（3）采取产品分成方式取得收入的，按照企业分得产品的时间确认收入。

（4）接受捐赠收入，按照收到捐赠资产的日期确认收入的实现。

毛利润需要投资者重点关注

明白了营业收入的确认规则，投资者输入“营业收入”进行搜索，便可在茅台2013年财报第80页找到营业收入及成本构成，具体如下：

1. 营业收入、营业成本

项目	本期发生额	上期发生额
主营业务收入	30,921,391,282.59	26,455,251,445.86
其他业务收入	410,034.01	83,707.13
营业成本	2,193,920,307.99	2,044,306,468.76

这里的其他业务收入，指一些不属于主营业务的销售或劳务收入。如转让了一点原材料给别人，顺手帮别人一起采购了物品，或者扣了运输公司或经销商的包装物损毁押金，等等，一般数目都极小，投资者不必管它。

投资者需要关注的是营业成本和主营业务收入的比值。营业成本，就是报表期内公司为了销售，而从资产负债表存货科目里搬走存货的价值（请回忆存货章节），主营业务收入减去营业成本，便是一家企业的毛利润。毛利润对绝大多数企业都是关键数字。如果企业连毛利都没有，可能很难存活下去。

毛利润占主营业务收入的比例，被称为“毛利率”。不同行业的毛利率差别相当大。在零售业中，毛利率可能很低；在珠宝业，毛利率可能很高。其他条件不变，收入规模大的公司只需要较低的毛利率就能生存，而收入规模较小的企业则不然——想想沃尔玛和门口小超市就理解了。为了衡量公司的毛利率，你需要将其与同行比较。毛利率比同行高很多的企业，要么属于业内强者，要么就是造假的骗子。

通过上面表格的数字，我们可以算出茅台的毛利率 = （309.21 - 21.94）÷ 309.21 = 92.9%，相比去年同期的（264.55 - 20.44）÷ 264.55 =92.3%，略有提高。

毛利率的提高，要么是因成本的下降，要么是因售价的上升。你需要观察年度变化的趋势，分析毛利率变化的原因：是生产成本增加

（或减少）了？还是企业产品或服务提价（降价）了？先找到因何而变，再思考变化是否可信。

毛利润是企业利润的重要来源之一。大体来说，企业最终利润的高低由三个因素决定，即毛利率高低、周转率快慢或经营杠杆大小。老唐分别叫它们为“茅台模式”“沃尔玛模式”和“银行模式”，这三种情况分别代表产品竞争力强弱、管理层运营能力的高低、企业承担的风险大小。各位朋友可以自己对照所关注的企业，看看他们靠什么赚钱，然后你可能就发现了自己需要跟踪的要点。例如茅台模式企业，当然要随时注意产品口碑、竞品替代的可能；沃尔玛模式，不可能管理层大换血你还没反应吧；而宏观上资金松紧，很可能会影响银行模式企业的存亡。

老唐在这里顺便说一句，有些财务书籍中，以“主营业务收入－主营业务成本－营业税金及附加”计算毛利润。应用上没区别，只要始终坚持采用同样的计算方法进行历史对比、同行对比即可。

主营业务的分类介绍

接着，企业还会分行业汇报营业收入，茅台2013年财报分行业的主营业务情况如下：

2. 主营业务(分行业)

行业名称	本期发生额		上期发生额	
	主营业务收入	主营业务成本	主营业务收入	主营业务成本
酒类	30,921,391,282.59	2,193,909,811.13	26,455,251,445.86	2,044,240,866.68
合计	30,921,391,282.59	2,193,909,811.13	26,455,251,445.86	2,044,240,866.68

茅台的主营业务只有酒类一项，所以表格简单。企业涉及的行业越多，分行业主营收入表格越长。老唐个人一般看见主营业务涉猎特

别广泛的公司，会先对其价值打个折。一者，前面说过，企业多行业发展，证明原行业机会难找。二者，企业管理层也是人，很多人在一个领域成功后，容易自信心爆棚，以为在其他领域也同样能成功。这是“多元化”往往演变为“多元恶化”的重要原因。

分产品汇报营业收入，当然也是产品越多表格越长。茅台 2013 年财报分产品的主营业务情况如下：

3. 主营业务(分产品)

产品名称	本期发生额		上期发生额	
	主营业务收入	主营业务成本	主营业务收入	主营业务成本
茅台酒	29,055,414,849.74	1,574,205,906.56	24,032,635,151.18	1,400,404,842.86
系列酒	1,865,976,432.85	619,703,904.57	2,422,616,294.68	643,836,023.82
合计	30,921,391,282.59	2,193,909,811.13	26,455,251,445.86	2,044,240,866.68

分地区汇报营业收入，有些企业会把国内分布也详细列出来。贵州茅台 2013 年财报分地区的主营业务情况如下：

4. 主营业务（分地区）

地区名称	本期发生额		上期发生额	
	主营业务收入	主营业务成本	主营业务收入	主营业务成本
国内	29,820,887,732.94	2,093,154,846.08	25,440,133,474.75	1,963,506,552.29
国外	1,100,503,549.65	100,754,965.05	1,015,117,971.11	80,734,314.39
合计	30,921,391,282.59	2,193,909,811.13	26,455,251,445.86	2,044,240,866.68

此外，财报中还会披露前五大客户占比等详细信息。公司既要披露信息，又要保护商业秘密，所以这儿只披露比例，至于客户名称，则以一、二、三或者 A、B、C 代替。

5. 公司前五名客户的营业收入情况

客户名称	主营业务收入	占公司全部主营业务收入的比例（%）
第一名	449,864,271.83	1.45
第二名	427,494,025.49	1.38
第三名	268,323,435.46	0.87
第四名	255,348,235.93	0.83
第五名	207,030,312.01	0.67
合计	1,608,060,280.72	5.20

分产品、分地区收入构成，没有一定之规。有些企业靠单品，有些企业靠丰富的产品线；有些企业坚守根据地，有些企业遍地开花。没什么优劣之分，要视行业和企业特性具体分析。

五大客户营收，则反映了公司对大客户的依赖程度。前五大客户营收占比高低，表明了公司对外依赖程度。

营业总成本

收入确认了，接着就要确认对应的成本和费用。利润表中的成本和费用，必须是在该期间内为取得收入而发生的成本和费用，会计称之为“配比原则”。配比原则要求“在确定利润的特定期间（月、季或年），销售收入要与其对应的成本和费用相互配比”。[①]

营业总成本包括营业成本、营业税金及附加、营业费用（销售费用、管理费用和财务费用）、资产减值损失。

① 这个概念如果不好理解，请回忆上一节里，你刚参加工作第一个月，房租和笔记本电脑是怎么与本月收入配比的。

二、营业总成本		9,282,061,270.23	7,627,698,585.34
其中：营业成本	（三十一）	2,193,920,307.99	2,044,306,468.76
利息支出	（三十二）	35,507,483.16	
手续费及佣金支出	（三十二）	90,547.86	
退保金			
赔付支出净额			
提取保险合同准备金净额			
保单红利支出			
分保费用			
营业税金及附加	（三十三）	2,790,747,889.49	2,572,644,755.42
销售费用	（三十四）	1,858,132,722.71	1,224,553,444.02
管理费用	（三十五）	2,834,740,716.00	2,204,190,581.13
财务费用	（三十六）	-429,074,364.68	-420,975,922.49
资产减值损失	（三十八）	-2,004,032.30	2,979,258.50

营业成本

营业成本，指期内销售产品的存货价值。此部分内容在存货部分已经谈过了，此处略过。

营业税金及附加

营业税金及附加，指营业过程中无论是否盈利都需要缴纳的税费，包括营业税、消费税、城市维护建设税、资源税、教育费附加以及其他的搭车收费。

投资者输入"营业税金及附加"，可以在茅台财报第81页找到2013年营业税金及附加共计27.9亿元的明细构成，具体如下所示：

（三十三）营业税金及附加：

项目	本期发生额	上期发生额	计缴标准
消费税	1,930,631,852.78	1,799,739,235.10	酒类产品销售收入计税价格、销售数量
营业税	1,819,411.90	1,071,021.34	应税劳务
城市维护建设税	466,652,093.99	436,413,769.37	应纳流转税额
教育费附加	199,957,256.43	181,631,938.32	应纳流转税额
地方教育费附加	133,304,550.79	121,088,327.30	应纳流转税额
价格调节基金	58,382,723.60	32,700,469.99	销售收入
合计	2,790,747,889.49	2,572,644,755.42	/

我们会发现，对于茅台而言，大头是消费税。我们回忆一下消费税只对生产企业的销售额征收的政策，就知道这部分消费税直接反映今年生产本部卖给销售公司的成品酒增长了约7%。

投资者输入“税率”搜索，可以在财报中找到你所关注的公司承担的税种及税率。其中城建维护税和两个教育费附加，是以流转税税额为基数乘以税率。所谓流转税，包括增值税、营业税、消费税和关税。

五、税项

（一）主要税种及税率

税种	计税依据	税率
增值税	产品销售收入的17%计算销项税额与进项税额相抵	17%
消费税	酒类产品销售收入计税价格、销售数量	20%、0.5元/500ml
营业税	应税劳务	5%

续表

税种	计税依据	税率
城市维护建设税	应纳流转税额	7%
企业所得税	应纳税所得额	25%
城市教育费附加	应纳流转税额	3%
地方教育费附加	应纳流转税额	2%
价格调节基金	产品销售收入	1%

营业费用

营业费用包含销售费用、管理费用和财务费用，常被统称为“三费”。

销售费用，也可能被叫作“营业费用”或“经营费用”，是为销售商品（或服务）产生的费用。如广告费、促销费、保险费、运输费、装卸费、销售人员的工资福利及提成、销售机构的固定资产折旧费等。通常而言，销售费用会随着销售收入增减而增减。老唐要特别提醒投资者的是，若企业销售规模小，某些固定支出可能会在销售收入下降时，使利润的降幅更大。

管理费用是与企业管理环节有关的费用，包含管理者工资福利、工会经费、职工教育经费、行政开支、董事会经费、中介机构费用、无形资产摊销以及管理机构资产折旧、业务招待费、计提的各类准备等。这个科目也是个垃圾筐，各种名目的支出，各种费用调节，都会丢进这个筐里。

投资者不必细究两者的构成明细了，混合看总数即可。总体来说，销售和管理费用的变化趋势，应该和营业收入变化趋势一致。在企业正常经营，没有重大的合并、收缩等事项的情况下，应该保持比例的大致稳定，以及绝对数与年初预算基本相符（公司每年股东大会时，会提交财务预算报告）。如果变化太大，费用的绝对数额又比较大，那么投资者就需要关注了。此时，可以在财报中搜索“销售费用”或“管理费用”，查看究竟是什么费用在增长。如茅台2013年财报的第81页，能看见茅台销售费用突然增加50%的原因——广告及市场拓展费用增加。此时，投资者就要结合自己对企业的理解，想想在报表期内的市场情况，考虑这笔费用是否值得怀疑。

（三十四）销售费用：

项目	本期发生额	上期发生额
广告宣传及市场拓展费用	1,660,674,349.72	1,053,385,321.02
运输费用及运输保险费用	89,219,997.51	85,463,500.21
营销差旅费、办公费	38,797,836.42	28,782,704.10
其他	69,440,539.06	56,921,918.69
合计	1,858,132,722.71	1,224,553,444.02

如果没有异常变化，一般就混合看两费的总数在营业收入里所占的比例，看比例的历史变化趋势，看与同行的差异即可。

财务费用主要包括三大类：①自有资金利息收入；②债务的利息支出；③在银行等金融机构办业务支出的手续费。这个科目主要和资产负债表的货币资金科目及有息负债相关。视企业自有资金和有息负债的数量大小，财务费用可能为正，也可能为负。关于有息负债需要注意些什么，在资产负债表环节已经谈过，此处不再赘述。

资产减值损失

老唐在资产负债表章节中谈过，资产有减值迹象的时候，需要计提资产减值损失。股权、固定资产、无形资产、商誉、存货、坏账、可供出售金融资产、持有至到期投资等都可能产生资产减值损失。大额资产减值损失，是管理层自我打脸的行为艺术。多数情况下，它表示管理层承认以前投资或经营决策失误。

现在的会计政策，能够对利润表产生影响的减值损失转回，主要是存货、应收账款和债权类投资的减值损失。上市公司通过计提而后转回来调控利润的空间已经大大减少了，但资产减值损失计提行为依然是企业操纵利润的主要手段之一。常见的手法有：不提或少提，增加当期利润；多提，减少当期利润，以后转回增加后期财报利润；一次性计提减值损失，降低资产账面值，从而减少后期折旧和摊销，增加后期财报利润。

资产减值损失科目的数字一般为正，代表有一笔资产减值损失产生；偶尔也有为负的，代表某笔已经计提减值损失的存货、坏账或债权，又被收回来了。总体来说，这个科目数字应该很小才对。如果一家公司的资产减值损失科目经常出现或正或负的大额数字，要么是公司调控报表，要么是减值测试水平太烂，都需要投资者提高警惕。

其他收益

在营业总收入减去营业总成本之后，再加上三块单独汇报的损益，就可以得出营业利润了。这三块内容是公允价值变动收益、投资收益和汇兑收益。

加：公允价值变动收益（损失以“－”号填列）			
投资收益（损失以“－”号填列）	（三十七）	3,010,000.00	3,103,250.00

续表

其中：对联营企业和合营企业的投资收益		
汇兑收益（损失以“－”号填列）		
三、营业利润（损失以“－”号填列）	21,791,544,952.00	18,830,739,817.65

公允价值变动收益，是交易性金融资产本期变动和公允价值模式计量的投资性房地产本期变动。

投资收益，包括对外投资分得的股利；持有债券收到的利息；投资到期收回的价格或到期前转让的价格与投资的账面价值的差额（或正或负）。

汇兑收益就是企业持有外汇资产或负债（例如外币、外汇存款、外汇应收应付款、外币计价的债务等）期间，因为汇率变化而产生的损益。

这三项内容在投资相关资产环节都已经详细介绍过了，这里老唐只特意强调一点：母公司利润表的投资收益，包含了合并利润表的投资收益和所有子公司宣布的分红额；制作合并报表时，需要将母公司对子公司的长期股权投资，由成本法转为权益法核算，合并子公司全部损益。因而合并利润表的投资收益里，不再包含子公司宣布的分红额。

这一块若还不清楚，请读者回看“投资相关资产”章节，复习长期股权投资部分。如果有点晕，别泄气，长期股权投资和持有至到期投资两部分是整个财报里最难的，很多专业人士也很头痛。你如果只看了两三遍就懂了，已经相当值得佩服了。

营业利润

终于，我们抵达了利润表的核心：营业利润。

营业利润是一家企业的核心利润。持续增加的营业利润是企业蒸蒸日上的表现，持续提高的营业利润率（营业利润 ÷ 营业总收入）是企业竞争力不断提高的表现。

老唐个人对利润表的排列顺序是不满的。以老唐的观点，营业利润应该排在“其他收益”之前，由营业总收入减去营业总成本（至资产减值损失止）得出营业利润，然后再从营业利润的基础上加减“公允价值变动损益、投资收益和汇兑收益”。这样的营业利润，才能更直接地反映主业赢利能力。不过，老唐有意见没用，我们还是先按照会计规则看吧。

看利润表，最重要就是看营业利润和营业利润率（营业利润率 = 营业利润 ÷ 营业总收入）。看营业利润及营业利润率的历史变化趋势，以及与同行业其他公司进行对比。她若安好，便是晴天。

净利润

净利润是怎么产生的

净利润的产生一句话就可以说清楚，即营业利润加上营业外收支净额，缴纳了所得税，剩下的就是净利润。

三、营业利润（损失以“－”号填列）		21,791,544,952.00	18,830,739,817.65
加：营业外收入	（三十九）	32,763,249.14	6,756,532.19
减：营业外支出	（四十）	391,947,775.17	137,005,880.68

续表

其中：非流动资产处置损失		8,997,287.17	165,718.82
四、利润总额（亏损总额以“-”号填列）		21,432,360,425.97	18,700,490,469.16
减：所得税费用	（四十一）	5,467,460,544.92	4,692,039,766.99

营业外收入，指与主营业务无直接关系的一些偶发性收入，主要包括非流动资产处置利得、非货币性资产交换利得、出售无形资产收益、债务重组利得、企业合并损益、盘盈利得、债权人放弃的债权、政府补助、罚款收入、捐赠利得等。

与营业外收入对应的损失，就是营业外支出，例如，非流动资产处置损失、非货币性资产交换损失、债务重组损失、公益性捐赠支出、行政罚款、固定资产盘亏、报废、毁损等。

它们的共性就是跟经营活动无关，且不可持续。因此，营业外收入通常不靠谱。这个数字，数值不要太大即可。如果营业外收支净额数额比较大，老唐建议直接用营业利润的75%来看待当年净利润，从而去掉营业外收支的影响。

通常而言，如果企业利润的主要部分经常来自营业外收支，基本能肯定，这是企业在打扮自己的报表，背后有陷阱的概率很大，建议投资者警惕且远离。关于投资有句名言说得好，厨房里不会只有一只蟑螂。

营业利润加上营业外收支净额，便得出利润表上的“利润总额”。按照现行制度的规定，利润总额可以先用来弥补过去五年企业经营净亏损（若有）。弥补之后的余额，便需要缴纳所得税了。

所得税税率一般是25%，但高新技术企业会因优惠政策而享受15%税率，另外，各地还有些“所得税X免Y减半”之类的优惠政策，再加上递延所得税因素影响（请查看前文关于递延所得税资产和负债的论述），企业实际负担的税率可能会略高于或略低于25%。

知识链接：企业税收的那些事儿

2013年国家税收总额110497亿元，其中和企业相关的税种情况如下：

企业相关税种			
税种	金额	占比	税收归属
增值税	28803	26.1%	中央75%，地方25%
企业所得税	22416	20.3%	中央和地方政府分享①
营业税	17217	15.6%	主要归地方政府②
消费税	8230	7.5%	归中央政府
进口相关税③	14003	12.7%	归中央政府
房地产业其他税种	10665	9.7%	归地方政府
车辆购置税	2596	2.3%	归中央政府
合计	103930	94.1%	

注：①企业所得税，中央企业、地方银行、外资银行、非银行金融机构缴纳的部分，铁道部、各银行总行、各保险总公司集中缴纳部分，归中央政府。其余归地方政府。

②营业税，铁道部、各银行总行、各保险总公司集中缴纳的部分和金融、保险企业按照提高3%税率缴纳的部分归中央政府，其余部分归地方政府。

③包括进口产生的增值税、消费税和关税。

净利润并不是公司挣到的钱

企业缴纳了所得税后，便是公司净利润了。

关于净利润，老唐强调一点：净利润≠挣到钱，两者可以有很大差别。净利润一定要和现金流量表的“经营现金流净额”对照着看，投资者可以直接用“经营现金流净额÷净利润”来衡量净利润的含金量。该比值连续数年大于1，发现“印钞机”概率就大；反之，连续数年远小于1，则需要投资者提高警惕，并挖掘原因。下面老唐举个简化的例子，展示净利润和现金的差异。

假设有四家公司甲、乙、丙、丁，都采购1000万元货物，转手以1300万元卖掉，并支付了各种税费100万元。以采购款是否支付和销售款是否收回列个矩阵，可以看到同样在利润表上记录200万元净利润的四家企业，其现金流和生存状态可能有天壤之别。

表3－1　四种情况下企业净利润与现金的对比　　单位：元

公司	购货款	销售款	净利润	现金	财务健康度
甲	未付	已收	200万	+1200万	健康
乙	已付	已收	200万	+200万	正常
丙	未付	未收	200万	－100万	未知
丁	已付	未收	200万	－1100万	存疑

正因为如此，某些上市公司的控股股东或管理层，有时会因某种需求，信誓旦旦地向市场承诺净利润将达到多少，或净利润增速将达到多少。看看表3－1就知道，净利润这东西，一定范围内，是要多少有多少的。完成这种承诺，对公司来说没有任何难度。拿净利润承诺说事儿的，纯属欺负咱们读书少。

好在表3－1中丙、丁公司这种利润产生法，一般都无法持续很久。某名言说："你可以一时欺骗所有人，也可以永远欺骗某些人，但你不可能永远欺骗所有人。"这种纸面上的收入和利润，累积几年就得想办法解决，否则游戏无法继续。毕竟它们不产生现金，却要实打实地付出各种税收，如增值税、营业税、消费税、所得税等。税务局可只认现金，不接受你拿"利润"来充数。这也是为什么很多保守的投资者，需要等新股上市数年，有了几份完整的年报后，才将其纳入观察范围的重要原因之一。当然，这样也会错过很多机会。得失之间，需要自己抉择。

第三节　速读利润表

理解了资产负债表后，利润表就是一张特别简单的表。我们拿到一张利润表，关注四个要点足矣，即营业收入、毛利率、费用率、营业利润率。看清楚了它们，利润表就算吃透了。

营业收入

营业收入展示企业经营状况和发展趋势。作为投资者，首选的企业是营业收入增长、增长、增长，过去增长，现在增长，预计在可见的未来将继续保持增长的企业。如果不考虑收购兼并式的增长，企业收入的增长通常有三种途径，即潜在需求增长、市场份额扩大和价格提升。

不同增长途径的可靠性不同。潜在需求的增长，在行业内不会产生受损者（仅受益程度不同），不会遭遇反击，增长的可靠性最高；份额的扩大，是以竞争对手受损为代价的，势必遭受竞争对手的反击，因而要评估竞争对手的反击力度及反击下增长的可持续性；价格的提升，是以客户付出更多为代价，可能迫使客户减少消费或寻找替代品，需要评估的是消费的替代性强弱。

正因为营业收入的增长可能是因为需求的增长，所以投资者不仅要看企业营业收入绝对数的增长，还要看增速是否高于行业平均水平。只有营业收入增长高于行业平均增长速度，才能证明企业的市场份额在扩大，才能证明企业仍然是行业中的强者。反之，营业收入的萎缩、持平或低于行业平均水平的增幅，都是在提示你：企业的市场份额在缩小。这可能意味着行业内出现了更强硬的对手，或者企业某方面的竞争优势正在“融化”。

也有一种特殊的企业，它所面临的某细分市场规模有限，容不下更多的对手参与竞争，而企业已经在这个狭小的市场里建立了相当强的竞争优势。这种市场的样子，你可以想象墙壁上的一个佛龛：很狭小，和其他区域间隔明显，一尊佛在里面占据了绝大部分空间。是的，正是因为如此，这种市场又被称为“佛龛市场”或者“利基市场”（英文“佛龛”niche 的音译）。对这种市场里的企业，投资者就无须关注营业收入的增长，而是要重点关注经营所得现金的去向。

有个常识容易被人们忽略，那就是持续的增长相当艰难。数学会告诉我们，如果一家上年营业收入为 10 亿元的企业，保持 20% 的增长，大约在 70 年后，其营收就会相当于上年整个地球所有国家 GDP 的总和。显而易见这是不现实的。因此，看待企业营业收入增长，需要防止自己过于乐观。

毛利率

营业收入减去营业成本是毛利润，它是企业利润的源头。毛利润在营业收入中所占比例是毛利率。

高毛利率意味着公司的产品或服务具有很强的竞争优势，其替代品较少或替代的代价很高。而低毛利率则意味着企业产品或服务存在着大量替代品且替代的代价很低。产品价格上的微小变动，都可能使客户放弃购买。此时，企业的利润空间，不仅取决于自己做得是否好，还要取决于对手是否做得更好。

一般来说，老唐建议投资者选择高毛利率的企业。巴菲特说过："我并不试图超过七英尺高的栏杆，我到处找的是我能跨过的一英尺高的栏杆。"投资不是竞技，投资者追求的不是克服困难的快感，而是稳定轻松的获利。

选择低毛利率的企业，意味着要依赖管理层的运营能力或者冒高倍杠杆的风险（请大家参考之前提到的"茅台模式""沃尔玛模式"和"银行模式"），实属不必要。就算是巴菲特这样的世界级投资大师，将资金投入低毛利率的零售业上，一样会马失前蹄。巴菲特投入17 亿美元，买入英国超市运营商特易购（TESCO）约 4% 的股份，2014 年（截至 9 月 24 日）亏损超过 7 亿美元，不得不割肉减持。

股神尚且如此，我们又何必跟自己的资本过不去呢？躲开低毛利率的企业，会使失败概率大大降低，这是利润表的重要用途之一。多低算低呢？一般来说，毛利率能保持在 40% 以上的企业，通常都具有某种持续竞争优势。A 股中毛利率比较高的行业有信息技术、医药生物、食品饮料、餐饮旅游、文化传播、房地产等，基本也是牛股集中营；毛利率在 40% 以下的，企业通常处于高度竞争的环境中；至于毛利率低于 20% 的企业，老唐建议留给艺高胆大的高手或该行业专业人士吧。以上都是个人经验，仅供参考。

老唐必须提醒各位一点，这是一本财务书籍，所谈论的选择依据都是以每股收益为评判标准，仅仅关心了企业成长带来的收益。如这里说选择高毛利率的企业，意思是说高毛利率的企业更容易创造出高净利润和高每股收益（获利无须依赖市盈率变动）。但前文说过，股价取决于市盈率和每股收益两个因素。高每股收益与低市盈率的组合，完全有可能不如低每股收益与高市盈率的组合。市盈率变化的收益不在本书讨论范围，各位读者可自行结合运用。

费用率

费用一般习惯性被称为“三费”，包括销售费用、管理费用和财务费用。费用率则指费用占营业总收入的比例。

老唐个人看费用率的时候，会采用保守一点的策略，单独考虑财务费用。如果利润表财务费用是正数（利息收支相抵后，是净支出），就把它和销售、管理费用加总一起算费用率；如果财务费用是负数（利息收入相抵后，是净收入），就只用（销售费用＋管理费用）÷营业总收入计算费用率。

费用率也是用来排除企业的

任何一家企业运营过程中，必然要产生费用。投资人看费用率，是要警惕费用率高的公司和费用率剧烈变化的公司。

一般来说，销售费用比较高的企业，产品或服务自身没有“拉力”，必须靠营销的“推力”才能完成销售。最常见的就是有促销有销售，没有促销活动，销售额立刻降下来。而销售费用比较低的企业，通常是因产品或服务本身容易引起购买者的重复购买，甚至是自发分享、传播。因而销售费用高的企业，在企业扩张过程中，不仅需要扩大产品或服务的生产能力，同时还需要不断配套新的团队、资金和促销方案。这对企业的管理能力边界要求极高，稍有不慎，企业可能会在规模最大的时候，暴露出系统性问题，导致严重后果。

管理费用，通常应该保持增长比例等于或小于营业收入增长。如果出现大于营业收入增幅的变化，投资者就需要查出明细，挖掘究竟是什么发生了变化，尤其需要注意已经连续出现小额净利润的公司。上市企业的常见习惯是，如果实际经营是微亏，一般会尽可能调整为微利。累积几年后，实在不能微利了，就索性搞一次大亏。一次填完以前的坑，同时做低后面的基数，利于来年成功“扭亏为盈”。手段上，企业多喜欢用折旧、摊销、计提准备之类，前面已经谈过了，此处不再赘述。

费用率也可以用费用占毛利润的比例来观察，这个角度去掉了生产成本的影响。大体来说，如果费用（销售费用、管理费用及正的财务费用之和）能够控制在毛利润的 30% 以内，就算是优秀的企业了；在 30% ~70% 区域，仍然是具有一定竞争优势的企业；如果费用超过毛利润的 70%，通常而言，关注价值不大。

把费用率和毛利率结合起来看，大家会发现，两者共同的目标就是排除低净利润率的企业。例如，即使有一家毛利率符合要求的企业，如毛利率 40%，如果费用占毛利润的 80%，意味着 100 元销售，产生 40 元毛利润，其中有 32 元费用，8 元营业利润，扣 25% 所得税后，净利润占营业收入的比例只有 6%。这还是毛利率不错的企业，尚且如此。如果是毛利率 20% 的企业，80% 费用率下，100 元销售创造的净利润甚至只有 3 元。如果有得选，投资人不值得在这样的公司浪费宝贵的资本。

对研发费用的辩证思考

关于费用，老唐要在这里专门谈谈研发费用问题。在资产负债表的生产相关资产章节里，老唐说过，如果我们关注的企业研发费用比较庞大，其中究竟蕴含的是机会还是风险，需要你真理解行业、理解企业后，才能做出判断。

保守的投资者，会因为企业研发费用占比比较大，而放弃该公司。因为不断投入巨额研发费用的公司，很可能经营前景不明，风险较高。如依靠专利权保护或者技术领先的企业，一旦专利到期或者新技术替代，公司的竞争优势就会丧失殆尽。为了维持竞争优势，企业需要大量投入资金进行研究开发活动。

投入资金不仅是减少企业净利润的问题，更重要的是，金钱的堆积并不意味着技术的成功。相反，新技术研发，失败概率是大于成功概率的（想想2014年10月6日，因为研发失败，在一个交易日内从超过11元跌成0.8元，随后一周跌破0.4元的美股GTAT）。正因为此，风险规避型的投资者，会选择远离研发费用高的企业。然而，新技术一旦成功，又可能带来巨大的回报，所以，这类企业从来都不缺追捧者。这个问题上，老唐不认为投资这类企业是错误的，只是建议喜欢这类企业的朋友，查找和学习"凯利公式"相关书籍，合理管理资金，以应对高波动性和高不确定性。

营业利润率

营业利润÷营业收入，便是营业利润率，它是财报的核心数字。如果上天非要逼我从利润表里选择一个数字来关注，我会说"营业利润"，如果还能让我多讨一个，我会迫不及待地喊："给我营业收入数据"，然后老唐就算出了营业利润率。

营业利润在营业收入中的占比，基本完整地体现了企业的赢利能力。营业利润率，当然是越大越好。像贵州茅台这种毛利率高达93%的企业，营业利润率可以做到70%左右，具体如图3-1所示。

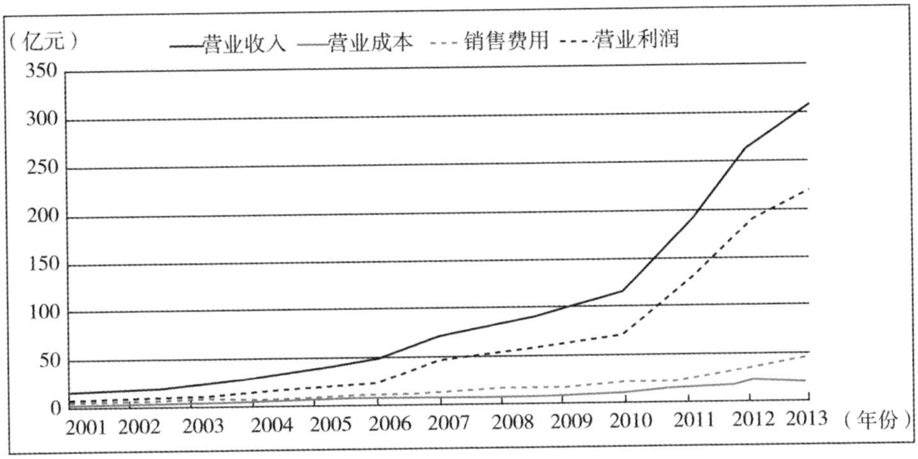

图 3－1　2001—2013 年贵州茅台营收状况

资料来源：贵州茅台酒股份有限公司历年财务报告。

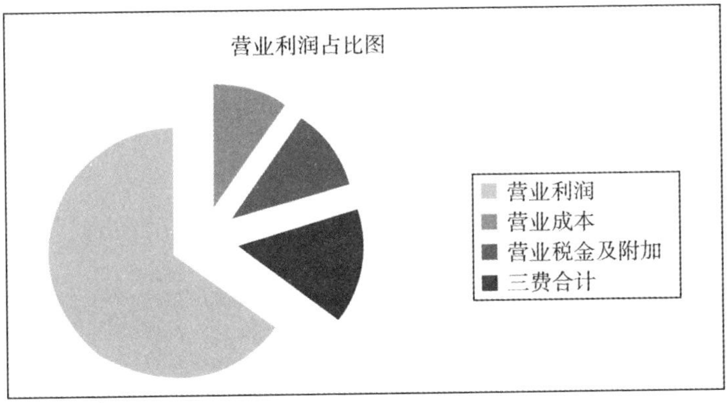

图 3－2　贵州茅台上市以来营业收入总和分割

资料来源：贵州茅台酒股份有限公司历年财务报告。

投资者不仅要看数字大小，更要对比历史变化。营业利润率上升了，要看主要是因为售价提升、成本下降，还是费用控制得力？要具体思考以下问题：提价会不会导致市场份额的下降？成本是全行业一起降了，还是该公司独降？原因是什么？是一次性影响还是持续影响？费用控制有没有伤及公司团队战斗力？是一次性的费用减少还是永久性的费用减少？竞争对手是否可以采用同样行动？等等。

看完上面这四个要点，一份利润表就基本清楚了。完了吗？NO！还有一步：确认净利润是否变成现金回到公司账户。方法是用现金流量表里的“经营现金流净额”除以利润表的“净利润”，这个比值越大越好，持续大于1是优秀企业的重要特征。它代表企业净利润全部或大部分变成了真实的现金，回到了公司账上。

利润，充满估计和假设；现金，才是实打实的硬通货。企业的经营总是在利润和现金流之间权衡：究竟是在保证现金流的前提下最大化追求利润，还是在实现利润最大化的前提下考虑现金流？下一章，我们就谈展示企业现金活动、关系企业生死存亡的一张表——现金流量表。

第四章

事关存亡的表——现金流量表

一家企业，没有利润，也可以活得很滋润。过去20年，美国在线零售商亚马逊公司，一直以负利润或零利润状态经营。这没有妨碍它为美国、中国乃至全世界的消费者提供优质服务，也没妨碍它的股票自1997年上市至今，上涨超过200倍。

但一家企业如果没有现金，今晚8：20它也熬不过去，哪怕它的财报上有巨额利润。员工不会接受“利润”作为工资，供应商不会接受“利润”作为货款，债主不会拿着“利润”笑眯眯地走，房东不会收下你的“利润”让你继续办公。2008年9月14日晚上，拥有150多年历史的华尔街老牌投行雷曼兄弟，没能筹到200亿元现金。这个账面资产近7000亿美元的巨人，于9月15日轰然倒塌，宣布破产并引发了一场世界级的金融风暴。本章要关注的就是事关企业生死存亡的现金流量表。

第一节　现金流量表拆解

为何要有现金流量表

前面资产负债表环节，老唐曾说过，现金流量表只是对货币资金科目下“现金及现金等价物”变化的展开。那么，想了解现金及现金等价物的变化，只需查看货币资金科目明细就可以了，为何还要单独制一张表呢？

问题不难回答。资产负债表货币资金科目，确实可以看到企业现金变化，如一家企业年初有 1000 万元在手，年末有 5000 万元在手，现金增加 4000 万元。可是，这笔现金怎么来的？是借了 4000 万元，是挣了 4000 万元，还是股东新投入了 4000 万元？虽然同样增加 4000 万元，但显然借的、挣的和投的，代表的含义完全不同。现金流量表就是负责展示企业现金来龙去脉信息的一张表。现金流量表同样分合并现金流量表和母公司现金流量表，投资人主要关心合并现金流量表数据。

看资产负债表的时候，我们知道，企业的钱，要么是借的，要么是股东投的；看利润表时，我们发现企业的钱还可以是自己挣的。现金流量表，首先将企业借钱和吸引股东投钱的行为，归入筹资活动（筹资者，找钱也）。然后，将企业挣钱的过程，分成两块：一块是投资活动（下本钱），一块是日常经营活动。最终企业的现金活动通过三大板块展示，即筹资活动现金流、投资活动现金流和经营活动现金流。

现金流量表各个科目的内容都很直白，单看科目标题也能知道大致是什么意思。老唐将其放进知识链接里了。链接里没列出的科目，一般是银行或保险业涉及的科目，各位有兴趣的自己深入研究吧。

阅读过程中，遇到不明白的地方，别忘了老唐秘籍——搜索大法。例如，若你不明白茅台2013年财报中"支付的其他与投资活动有关的现金"究竟是啥，输入"支付的其他与投资活动有关的现金"搜索，便可以在财报第85页发现明细如下：

4. 支付的其他与投资活动有关的现金

项目	金额
退还的基本建设工程履约保证金	102,767,608.36
退还的基本建设资格预审保证金	590,200,000.00
合计	692,967,608.36

有了搜索大法和链接里介绍的科目含义，我们就不在这些直白而简单的科目含义上浪费时间了，直接跳到如何理解现金流量表去。

知识链接：经营活动现金流量

一、经营活动现金流入的主要科目

（1）销售商品、提供劳务收到的现金：记录企业本期销售商品、提供劳务收到的现金，收回以前销售形成的应收款，以及本期新增的预收款、减去本期内退货支付的现金（均含代收增值税）。

（2）收到税费返还：记录企业收到税费返还款。

（3）收到的其他与经营活动有关的现金：反映除以上两条外，收到的其他与经营活动有关的现金，如经营租赁收到的租金、自有资金的利息等。

二、经营活动现金流出的主要科目

（1）购买商品、接受劳务支付的现金：反映企业本期采购支付的现金，以及支付以前的应付款、减去本期退货收到的现金。

（2）支付给职工以及为职工支付的现金：反映企业本期实际支付给职工的工资、奖金、各种津贴和补贴等职工薪酬。

（3）支付的各项税费。

（4）支付的其他与经营活动有关的现金：反映除以上几条外，与经营有关的现金支出，如经营租赁的租金、差旅费、业务招待费、保险费、罚款支出等。

知识链接：投资活动现金流量

一、投资活动现金流入的主要项目

（1）收回投资收到的现金：反映企业出售、转让或到期收回各种投资而收到的现金。

（2）取得投资收益收到的现金：反映企业因各种投资而分得的现金股利和利息等。

（3）处置固定资产、无形资产和其他长期资产收回的现金净额：卖资产的钱减去费用后的净额。受灾后得到保险赔偿也在这里。

（4）处置子公司及其他营业单位收到的现金净额，跟上条类似。

（5）收到其他与投资活动有关的现金：反映企业除了上述各项以外，收到的其他与投资活动有关的现金流入。

二、投资活动现金流出的主要项目

（1）购建固定资产、无形资产和其他长期资产支付的现金：反映企业购买资产或自建资产支出的现金。但以分期付款方式购建的固定资产，首付算在这里，以后的算筹资活动现金支出。

（2）投资支付的现金：反映企业进行各种性质的投资所支付的现金以及相关费用。

（3）取得子公司及其他营业单位支付的现金净额：收购公司或业务部门支付的现金，减去所收购公司或业务部门账上现金。

（4）支付其他与投资活动有关的现金。

知识链接：筹资活动现金流

一、筹资活动现金流入

（1）吸收投资收到的现金：出售股票的现金收入减去发行费用。

（2）取得借款收到的现金：反映企业借各类长短期借款所收到的现金。

（3）发行债券收到的现金：发行债券的现金收入减去发行费用。

（4）收到其他与筹资活动有关的现金：反映企业除上述各项目外，收到的其他与筹资活动有关的现金流入，如接受现金捐赠等。

二、筹资活动现金流出

（1）偿还债务支付的现金：反映企业以现金偿还债务的本金。

（2）分配股利、利润或偿付利息支付的现金。

（3）支付其他与筹资活动有关的现金：反映企业除上述项目外，

支付的其他与筹资活动有关的现金流出，如捐赠、融资租赁费、借款利息、分期付款购建资产的后期现金等。

两种现金流量表

现金流量表看上去是一笔流水账，理论上也是对企业现金流入和流出活动的汇总。但实际操作中，企业会以利润表为基础、以资产负债表为参照调整得出经营活动现金流，而后汇总企业投资和筹资活动现金流情况，得到完整的现金流量表。

现金流量表是如何编制的

以利润表为基础的意思，是先假定利润表上所有收入都不多不少地收到现金、所有支出也同样足额付出现金，这样先得出一个现金流量表雏形。

以资产负债表为参照的意思涉及内容稍多。比如说收入，涉及应收票据、应收账款和预收账款科目，都会对前面“不多不少收到现金”的假设产生影响。应收减少或预收增加，是增加企业现金流入，需要加。反之，应收增加或预收减少，是减少企业现金流入，需要减。然后，对照应付票据、应付账款、应交税费、应付薪酬、预付款等科目，调整现金支出假设，这样就得出了经营活动现金流净额。

同样，固定资产、无形资产、投资相关资产、递延所得税、应付债券、长期债务、股本、资本公积等科目的变化，都可以导致企业收到或支出现金，这些变化被分别记录为“投资活动现金流净额”和“筹资活动现金流净额”，现金流量表就是这样产生的。

啰唆一大段，不是要各位去抢会计的饭碗，制作现金流量表。而是要各位知道：现金流量表并不是统计公司现金流水的结果，现金流量表是从利润表和资产负债表里推导出来的，是资产负债表和利润表的补充说明。因此，用现金流量表数据去质疑利润表和资产负债表的财务分析方法是不靠谱的。特意说明这点，是因为老唐有很长一段时间，误以为现金流量表是公司现金流水账的汇总，包含更多值得信赖的信息，在上面浪费过很多时间。

营业收入角度的现金流量表

谈利润表的时候，我们提过利润表中营业收入是不含增值税的。所以，在现金流量表中，折算为收到的现金时，必须加上代收的增值税。如果上市公司所有业务都适合 17% 增值税率，那么可以直接将营业收入乘以 1.17，来模拟第一步现金流量表雏形中收到的现金数额（考虑会有类似赠送或推广活动产生未开票收入，该模拟仅为近似值）。但大多数上市公司可能都是既有适用增值税的业务，也有适用营业税的业务；甚至有些公司，仅增值税业务也有适用不同税率的；有的公司还涉及出口退（增值）税。所以，非内部人士，很难在营业收入与销售收到现金额之间建立可信的验证关系。

净利润角度的现金流量表

幸好，现金流量表除了从营业收入开始之外，还提供了另外一种切入的途径。我们在贵州茅台 2013 年财报里搜索“现金流量表”，将在第 85 页发现另一张隐藏很深的现金流量表补充资料，里面提供了另外一种经营活动现金流的观察角度：从净利润开始。

（四十四）现金流量表补充资料：

1. 现金流量表补充资料：

补充资料	本期金额	上期金额
1. 将净利润调节为经营活动现金流量：		
净利润	15,964,899,881.05	14,008,450,702.17

续表

补充资料	本期金额	上期金额
加：资产减值准备	-2,004,032.30	2,979,258.50
固定资产折旧、油气资产折耗、生产性生物资产折旧	520,481,867.72	414,952,194.94
无形资产摊销	31,617,810.78	15,994,854.35
长期待摊费用摊销	4,197,830.59	3,854,764.80
处置固定资产、无形资产和其他长期资产的损失（收益以“-”号填列）		
固定资产报废损失（收益以“-”号填列）	8,997,287. 17	155,718.82
公允价值变动损失（收益以“-”号填列）		
财务费用（收益以“-”号填列）	-17,474.78	-89,497.15
投资损失（收益以“-”号填列）	-3,010,000.00	-3,103,250.00
递延所得税资产减少（增加以“-”号填列）	-181,715,611.33	-141,027,962.79
递延所得税负债增加（减少以“-”号填列）		
存货的减少（增加以“-”号填列）	-2,171,082,645.61	-2,478,610,040.56
经营性应收项目的减少（增加以“-”号填列）	-63,379,598.19	-64,889,789.58
经营性应付项目的增加（减少以“-”号填列）	-1,453,960,453.18	162,643,655.75
其他		
经营活动产生的现金流量净额	12,655,024,861.92	11,921,310,609.25

不同于前面那张从“销售商品、提供劳务收到的现金”开始的现

金流量表，这里是倒过来的。从净利润开始，先将利润表中被当作费用减去，但实际并没产生现金支出的各种折旧摊销和准备计提，加回到净利润上去；再将应收、应付和存货的变化值，按照其是增加公司现金还是减少公司现金，对应调整回来；最后将净利润里含有的和经营无关的收益（或损失），从净利润中减去（或加回）。这样，另外一张经营活动现金流净额就出来了。当然，毫无疑问，两张现金流量表得出的现金流净额一定是相等的。

这张表的科目，没有前面那张直白，比较绕的是带括号的项目，到底是加还是减，是正还是负？如"固定资产报废损失（收益以'－'填列）"后面的数字是899.73万元，这究竟是加还是减？

下面老唐就把这张表换种表达方式演示一下，如表4－1所示，为了简短，原表中无数据的科目此表就直接省略了。

表4－1　现金流量表简化版

补充资料	本期金额	上期金额
1. 将净利润调节为经营活动现金流量		
净利润	15,964,899,881.05	14,008,450,702.17
加：资产减值准备	-2,004,032.30	2,979,258.50
加：固、油、生资产折旧	520,481,867.72	414,952,194.94
加：无形资产摊销	31,617,810.78	15,994,854.35
加：长期待摊费用摊销	4,197,830.59	3,854,764.80
加：固定资产报废损失（收益以"－"号填列）	8,997,287.17	155,718.82
减：利息收入	17,474.78	89,497.15
减：投资收益	3,010,000.00	3,103,250.00
减：递延所得税资产增加值	181,715,611.33	141,027,962.79
减：存货增加值	2,171,082,645.61	2,478,610,040.56

续表

补充资料	本期金额	上期金额
减：经营性应收项目增加值	63,379,598.19	64,889,789.58
减：经营性应付项目减少值	1,453,960,453.18	-162,643,655.75
经营活动产生的现金流量净额	12,655,024,861.92	11,921,310,609.25

修改后的表就没那么绕了。因为要从净利润数字反推出经营活动现金收入净额，所以要经过以下三步：

第1步，凡是从净利润里扣除的费用，但实际本期没有支出现金的科目，一律加回去，如资产减值准备、折旧摊销、资产报废损失。

第2步，把净利润里跟经营活动无关的收入一律减去，如投资收益，募集资金在专户的利息收入（表中的财务费用，财报第85页有介绍）。

第3步，把经营活动中没有包含在成本里的现金支出减去，如多交了税（递延所得税资产）、增加了存货、增加了应收、支付了应付。

这样，就得出了当期经营活动现金流量净额。用这张改造后的表比照原表，几分钟以后，你应该就明白原表各个科目绕弯表达的是什么意思了。其实就是为了配合前面那一个“加”字，扭曲了后面科目的表达。理解了之后，读者可以多练习直接从原表上寻找真实含义。起初可能会有点晕，习惯了就好了。

直接法与间接法

搞懂了两张表，咱们还是要介绍一下这两种现金流量表编制方法的专业名称。前面那张从“销售商品、提供劳务收到的现金”开始的编制方法，叫作“直接法”；后面那张从净利润倒推的编制方法，叫作“间接法”。

采用直接法编制的现金流量表，用于分析企业经营活动现金流的来源和去处，预测企业现金流的未来前景；采用间接法编制的现金流量表，便于将净利润与经营活动产生的现金流量净额进行比较，了解净利润与经营活动产生的现金流量存在差异的原因，从现金流角度分析净利润的质量。我国企业会计准则规定企业采用直接法编制现金流量表，同时在附注中提供以净利润为基础调节到经营活动现金流量的信息。

经营活动现金流的关键数字

现金流量表的重心是经营活动现金流，以及这笔经营活动现金的去向。毕竟企业不可能长期靠股东投入或者借债来生存。并且，买入股票的投资者，通常也是冲着企业的经营获利能力来的。

在经营活动现金流里，老唐个人认为，关键数字有两个：一个是“经营活动现金流量净额”，另一个是“销售商品、提供劳务收到的现金”。

经营活动产生的现金流量净额为负的企业，通常日子不好过（银行和控股类公司除外）。这个不用解释都懂，即入不敷出。因此，观察经营活动现金流净额的首要任务，是看它是否大于零，如果大于，超过多少。

经营活动现金净流量小于零，企业入不敷出，需要筹钱度日；经营活动现金净流量等于零，企业现金流勉强维持当前规模的经营活动，但没有剩余积累购建新的固定资产和无形资产等。伴随着资产设备的老化，企业的生产能力日渐下降，竞争力不断衰减。

经营活动现金净流量大于零，但小于折旧摊销，说明企业现金流可以维持当前规模的经营活动，还能部分补偿折旧摊销，但企业仍然不具备更新升级能力。

经营活动现金净流量大于零，且等于折旧摊销。说明企业现金流可以维持现有经营规模，补偿折旧摊销，但无法为扩大再生产提供现金，企业只能一直维持在当前规模。

经营活动现金净流量大于零，且大于折旧摊销，说明企业不仅能正常经营，补偿资产的折旧摊销，还能为企业扩大再生产提供资金，企业具有潜在成长性。当然，超过折旧摊销越多，潜在成长性越高。这种状况的企业，才是值得投资人从财务角度关注的企业（再次申明，未考虑市盈率变化的角度）。

同时，经营活动现金流净额还可以和净利润印证。在利润表的末尾，老唐曾说，要确认净利润是否变成现金进入公司账户，方法是用现金流量表里的“经营现金流净额”除以利润表的“净利润”，这个比值越大越好，持续大于1是优秀企业的重要特征。

经营活动现金流净额≥净利润，说明公司净利润全部或大部分（考虑增值税因素）变成实实在在的现金，企业是“挣到钱”了。这个比值大于1，尤其是持续大于1，很可能意味着公司商品或服务供不应求，买家不断地打预收款来订货。另外，有些公司折旧比较高，但折旧实际上并不支出现金，可能也会导致经营活动现金流金额持续高于净利润，比较典型的就是水力发电公司。

这些经营活动现金流净额÷净利润持续大于等于1的公司，是“印钞机”的概率比较大。不过，要注意，房地产行业不适用这个指标。房地产行业的销售模式是卖期房，必然产生大量预收款。而收入则可以靠交房速度调节，因而这个现金流入和营业收入之间的关系不可靠。房地产行业看当期销售和已销售未结算累积量，可能更合适些。

反之，如果该比值持续小于1，则表明净利润的质量堪忧，甚至可能公司生意做得越大，日子越难过。这种情况，通常可能是赊销卖货或者存货大量积压造成的。前者可以从资产负债表的应收票据和应收账款获得证实，后者可以比对资产负债表里存货变化值。

另一个值得观察的数据是“销售商品、提供劳务收到的现金”。这个数字可以和营业收入对比。因为销售商品、提供劳务收到的现金包含了增值税，所以，理想数据应该是营业收入的1.17倍。或者加上应收票据里的银行承兑汇票后，是营业收入的1.17倍。但通常而言，只要这个比值大于1，就说明企业销售的绝大部分款项都已经收到了，基本可以认为公司经营情况良好，商业地位稳固。反之，若这个数字远远小于1，证明大量款项被作为应收账款欠着，这或者说明企业的产品或服务缺乏竞争力，或者需要警惕虚增收入的可能。

投资活动现金流及筹资活动现金流

企业的投资活动现金流出无非两种情况：一是投给自己，形成固定资产或无形资产；二是投出去，购买别人的股票和债券，或者组建子公司、合资企业。同样，投资活动现金流入也有两种情况：一是卖家当；二是投资的分红或者利息。

投资活动现金净流量为负数，表明企业处于花钱扩张的阶段。反之，如果投资活动现金净流量为正数，一般表明企业正在收缩，或者至少是扩张速度放缓了。所以，通过投资活动现金流量的正负可以判断企业目前发展的趋势，即收缩还是扩张。

对于企业的对内对外投资，首先要关注其所投项目是否在企业能力范围内。历史经验证明，跨行业的多元化经营会大概率地演化为多元恶化。今日少有人记得的昔日空调业霸主春兰空调（17年前，老唐在股市买的第一支股票，印象深刻），就是在以管理能力著称的院士董事长带领下，身陷多元恶化泥潭，至今也没爬出来。今日中国，无论国企还是私企，似乎都存在做大规模的扩张欲。前仆后继的失败案例也挡不住进军世界××强的宏伟口号，真可谓后人哀之而不鉴之，亦使后人复哀后人也。为自己的资金负责，老唐建议投资者慎重对待管理层多元化扩张。

其次，要看投资回报率。投资回报率如果不是显著高于社会资金平均回报水平，管理层就是乱来。反之，则可能是对股东有利的投资。

最后，要分析企业投资资金来源于自产现金（经营或之前投资的回报）还是筹集的现金。对于投资人而言，通常更喜欢企业能够自产现金投资。当然，也不能一概而论，若计划投资项目的确回报可观，即便是筹资，也同样是正确的决定。

企业的投资活动现金流出，主要体现在“购建固定资产、无形资产和其他长期资产支付的现金”和“取得子公司及其他营业单位支付的现金净额”上。这两个科目对应着资产负债表上相关资产的增加。

巴菲特提出过一个“自由现金流”概念，被很多投资者接受。这不是一个现金流量表上的数据，但老唐也在这里简单介绍一下。所谓自由现金流，指企业经营活动赚来的钱里，去掉那些为了维持企业盈利能力而必须再投下去的钱。它是股东在不伤及企业获利能力的前提下，可以从企业拿走的回报，是企业唯一真实的价值。只要是涉及企业价值的评估，几乎都会用到这个概念。简单起见，投资人一般会直接用经营活动现金流净额减去投资活动现金流出净额来作为自由现金流数值。但如果企业的投资活动现金流主要用于扩大规模而非维持现有规模，这样的计算方法，存在对自由现金流的低估。

筹资活动比较简单。区别一下权益性筹资和债务性筹资即可。权益性筹资的发行价能反映市场对企业价值及成长性的估计，可以作为自己对企业估值的参考。

债务性筹资的利率能反映市场对企业信用的评价，可以帮助投资人评价该企业的安全性。一般来说，债务性筹资活动利率越高，企业越危险。特别是那些自己账上货币资金不少，但是债务性筹资借款利率挺高的企业，那相当于是拿着高音喇叭对着大海喊：“我是骗子，我是首席骗子！”

老唐需要特别提醒投资者的是，筹资活动里面会单独列报一些特殊的债务性融资。比如说，租赁固定资产或分期付款购买资产。租赁分为经营性租赁和融资性租赁，前者租赁时间短、金额小；后者租赁期限长、金额大。虽然同样是租赁，签的都是租赁协议，但从财务角度看，长期租赁合同一签，租金就算一笔一定要付给别人的负债了，支付租金行为就归入筹资活动的现金流出。分期购买同样如此。

最终，三大活动形成的现金流净额，加上企业期初拥有的现金及现金等价物，便得到了企业期末的现金及现金等价物总额，这个数字，就是资产负债表中现金及现金等价物的总数。

第二节　企业的现金流肖像

现金流量表是展示企业经营活动、投资活动和筹资活动现金流变化的。这三种活动能为企业带来现金的流入或流出。若以“+”表示现金的流入，用“-”表示现金的流出，那么企业的现金流状况就有了八种不同组合。老唐就利用这八种现金流组合，给对应的企业画一幅肖像，并从中挖掘企业是否具有投资价值，再继续探讨若要投资这类企业，投资者应该关心的重点是什么。

经营活动现金流净额为正的企业肖像

表4-2　经营活动现金流净额为正时企业现金流状况组合

类型	经营活动现金流净额	投资活动现金流净额	筹资活动现金流净额
1	+	+	+
2	+	+	-
3	+	-	+
4	+	-	-

类型1：“+ + +”型

类型1代表的含义是经营活动现金为净流入，投资活动现金流为净流入，筹资活动现金为净流入。企业日进斗金，钞票滚滚而来。你喜欢这样的企业吗？喜欢！喜欢？等等，好像有什么地方不对劲儿，企业经营挣钱，又不向外投资，你干嘛要筹资？堆积一堆钞票数着玩？

事反必妖，老唐把这一类型的企业归类为妖精型。这一类型要么是即将展开大规模的对内对外投资活动，正筹本钱；要么可能是起了鬼心思，借着上市公司躯壳搞钱，搞来后再将资金转给关联企业或关联人使用。如果是前者，那实际上只是类型3的序曲，可参照下述类型3的关注要点。如果你遍查资料，也没发现企业即将进行什么大规模的投资，呵呵，还是远离比较稳当。

类型2：“+ + -”型

类型2中，经营活动现金流入，投资活动现金流入，筹资活动现金流出。经营活动现金流入，说明企业经营活动正常、良性，有钱挣。投资活动现金流入，就要分两种情况了，一种是以前投资的股利或利息收入，另一种是变卖家当。通常来说，是前者的可能性大。一家经营良好的企业，通常不会被迫秦琼卖马。筹资活动现金流出，说明企业要么在还债，要么是回报股东（分红或回购股票）。

总体来说，如果投资现金不是变卖家当所得，且经营现金流入和投资现金流入足以覆盖筹资现金流出，投资者可以初步认定这是一家健康发展的企业。企业通过经营以及之前的投资，现在处于收获期，能够有多余的现金来归还借款或回报股东。需要投资者注意的是，投资活动现金净流入，显示企业已经不再继续扩张了，成长已是过去式。企业近似一只稳定产生现金的债券，如同一只定时定量产蛋的老母鸡。只要售价不高（低市盈率）、产蛋率不错（高股息率），这种老母鸡型企业，你值得拥有。

类型3：“+ − +”型

类型3中，经营活动现金流入，投资活动现金流出，筹资活动现金流入。很明显，这家企业把经营活动挣的钱，加上借债或出让股权筹来的钱，一起投入新项目中去了。企业扩张的急切之心昭然若揭，如同一只勇往直前的蛮牛。所投项目如果创造辉煌，企业可能高速增长。反之，如果投资项目失败或与期望值差距较大，投资者的失望情绪可能会严重打压公司市值。这类蛮牛型企业，投资项目前景究竟如何，是投资者必须首先要考虑的因素。

除了考虑项目前景，避免因蛮牛撞山（项目失败）而受损之外，投资者还有另一件重要的事情需要思考：企业经营现金流入和筹资现金流入，是否能够持续支撑企业扩张至产生现金那天？

对于蛮牛型企业来说，对这一问题的判断，颇考投资人对商业及行业的理解力。如果企业的筹资方式主要是借债，一方面显示了企业对项目的信心，认为项目的回报率将远高于债务利息支出。用债务而不是出让股权筹资，是企业对现有股东负责的行为。另一方面，毕竟债是要还的，还涉及期限问题、新旧续借问题。投资人必须仔细考虑债务的期限和数量是否足以支撑项目？企业会否遇到资金链断裂，致使蛮牛变死牛，功败垂成？反过来说，如果企业筹资方式主要是出让股权，那么情况可能刚好相反。股权倒是不用考虑归还，但管理层对投资项目的收益率是否真有足够的信心？是否是因为借不到债，才被迫低价出让股权？这些都需要投资者认真思考。

“如果有机会重来的话，两件事不能干：一是别做大，二是别借钱。”2014年9月25日，曾经的中国500强企业、四川最大的民营钢企——川威集团资金链断裂后，其掌门人王劲如此感叹。摊子铺得太大，将希望寄托于借钱之上，一旦遭遇宏观资金面的变动，企业就会遭遇灭顶之灾。

类型4：“+ − −”型

类型4中，经营活动现金流入，投资活动现金流出，筹资活动现金流出。经营现金流入表明企业经营正常；投资现金流出表明企业正在扩张；筹资现金流出表明企业还债或回报股东。也就是说，企业靠着经营现金流入，实施投资并同时清偿债务或回报股东。这种企业怎么样，不错吧？当然不错，如果可以持续的话。

“可以持续”的意思，是说经营现金流入要大于投资现金流出和筹资现金流出的总和。这样的企业，靠着挣来的钱不断扩张，同时还能减债或分红，是典型的奶牛型企业。不但吃下去的是草，挤出来的是奶，而且奶牛还在继续长大，产奶能力有望进一步提升。

与之相对的“不可持续”，是说虽然经营现金是流入，但流入的数量小于投资和筹资的现金流出量，那就有随时变身“+ − +”蛮牛型的可能。

所以，对于“+ − −”奶牛型企业，关键是看经营活动现金流入量，减去投资活动现金流出，再减去不包括分红在内的筹资活动现金流出，差值是正是负。如果为正，恭喜你，可能发现一头优质成长奶牛。如果为负，企业随时可能变身“+ − +”的蛮牛型企业，投资者可以参照蛮牛型企业关注事项。

当然，无论是奶牛还是蛮牛，投资者都别忘了分析企业所投项目的前景。要是投出去的钱打了水漂，什么牛都会被拖垮。

请各位看看2013年贵州茅台财报，判断它2013年属于什么类型？“+ − −”型！再看流量表最后一列“上期金额”，判断2012年它属于什么类型？还是“+ − −”型！这是绝对的纯种优质成长奶牛！

经营活动现金流净额为负的企业肖像

上面我们分析了经营活动现金流净额为正的四种类型企业，它们分别是妖精型、老母鸡型、蛮牛型、奶牛型。接下来，保持这四种类型的投资和筹资活动现金流状态不变，将经营活动现金流净额修改为负值，就产生以下四种类型的企业，如表4－3所示。

表4－3　经营活动现金流净额为负时企业现金流状况组合

类型	经营活动现金流净额	投资活动现金流净额	筹资活动现金流净额
5	－	＋	＋
6	－	＋	－
7	－	－	＋
8	－	－	－

经营现金流为负，意味着主业经营不产生现金流入。现实中，这种企业可能是初创企业，也可能是衰退期企业。很不幸，A股市场目前尚不允许未盈利的初创企业上市。于是，老唐可以万分肯定地说，经营活动现金流为负的企业，都是处于衰退期的主儿（请注意，以下分析不适用于A股以外的其他资本市场）。这四种组合，看着都挺吓人的。

类型8：“－　－　－”型

类型8中，企业的所有活动都造成现金流出，属于大出血型企业。老唐立刻想起“七省文状元兼参谋将军，绰号‘对王之王’的对穿肠”败在华安手中后大喷血的局面。显然，处于这个状态的企业，一定是不久于人世。企业必须迅速堵住出血点，或者寻找外部输血。所以，这种大出血型企业，实际上在市场上很少见。作为一位珍惜资本的投资者，若是看见了大出血型企业，一定要记得亲切地说一声：滚！

类型 7：“－ － ＋” 型

类型 7 中，企业经营活动现金流出，投资活动现金流出，筹资活动现金流入。这是一个做生意收不到钱，靠筹资度日，还不忘继续下注，力求一朝翻本的企业形象。算什么型儿呢？赌徒型吧！投资者若是关注此类企业，恐怕除了看投资项目的前景，更多地还要看这个赌徒的个人品性和赌运了。

类型 6：“－ ＋ －” 型

类型 6 中，企业经营活动现金流出，投资活动现金流入，筹资活动现金流出。通俗讲，这类企业是生意亏钱，债主逼债，好在投资活动还有钱收。这种类型的企业分析起来稍微复杂一点。

首先，要看企业的投资活动靠什么产生现金流入。如果是靠变卖家当，今天卖点可供出售金融资产，明天卖点长期股权投资，后天变卖厂房设备……那就基本是个混吃等死型。如果是因为之前投资的公司经营活动挣钱，有大把分红回来，实际上等于经营现金流为正，算是一只整过容的老母鸡。这种企业，最要紧的是把手头经营资产处理了。堵住失血通道后，对投资者来说，也不失为一种可以考虑的选择。

其次，即便是整容老母鸡型企业，也要看投资现金流是否足以支撑两个出血点的现金流失，要看现金流量表末的“现金及现金等价物净增加额”，它必须得是正数。如果是负数，虽不至于算混吃等死型，但评价为“坐吃山空型”，应该也不为过。

类型 5：“－ ＋ ＋” 型

类型 5 中，企业经营活动现金流出，投资活动和筹资活动现金流入。这种情况比类型 6 略好，企业起码还能从市场里筹到钱。其中关于投资现金流入的问题，和类型 6 一模一样，要看投资活动是依赖什么创造现金流入。如果是靠变卖家当，却又比那混吃等死的多了条借钱的路，算是骗吃骗喝型吧；如果是因为之前投资的公司经营活动挣钱，有大把分红回来，那实际上还是相当于经营现金流为正，结果就凑成了 3 个“+”，变妖精型企业了，注意要点参看类型 1。

这就是现金流量表展示给你的企业肖像。看一眼现金流量表三种活动的净额，你大体能够知道企业属于哪种类型，关注要点是什么，有没有投资价值。但是，老唐必须提醒投资者注意的是：认真的投资者不相信一见钟情，请勿仅看一份财报就下结论。上面说的各种类型，起码是要数年数据皆是如此，方可看出并认定企业秉性。一两年的偶然数据不具有代表性。

本节要点

	经现流净额	投现流净额	筹现流净额	企业类型	关注要点
1	+	+	+	妖精型	计划投资项目情况
2	+	+	−	老母鸡型	低 PE 高股息率
3	+	−	+	蛮牛型	项目前景、资金支持
4	+	−	−	奶牛型	可持续性
5	−	+	+	骗吃骗喝型	不建议投资
6	−	+	−	混吃等死型	不建议投资
7	−	−	+	赌徒型	项目前景与管理层品性
8	−	−	−	大出血型	拒绝参与

第三节　现金流量表速读

本节谈怎样在最短的时间里抓住现金流量表的要点，发现现金流量表告诉我们的企业异常状态，并找到现金流量表的核心数据。

现金流量表的阅读重点

相比资产负债表，现金流量表科目少且简单；相比利润表，现金流量表被现金期初余额和期末余额所限制，造假成本比较高，因而造假情况较少。

较少不意味着没有。现金流量表里的造假主要有三种情况。一是控股股东或管理层期间挪用上市公司现金，报表节点归还；二是借用一次性行为美化当期现金流；三是抓住投资者更关注经营活动现金流量净额的特性，将投资活动和筹资活动产生的现金流入化妆成经营活动现金流入，或者将经营活动现金流出化妆成投资和筹资活动现金流出。至于作假的具体手法和财报上的痕迹，我们留在第八章谈。

现在，假如我们打开一张现金流量表，需要看些什么呢？

首先，我们应该主要关注合并现金流量表。母公司现金流量表仅仅代表了公司内部的资金调动，对投资者而言观察价值不大。

其次，需要关注现金流量表传达的异常信息。

经营活动现金流量中的异常现象

（1）持续的经营活动现金流净额为负。

（2）虽然经营活动现金流量表净额为正，但主要是因为应付账款和应付票据的增加。应付账款和应付票据的大量增加，可能意味着企业拖欠供应商货款，是企业资金链断裂前的一种异常征兆。

（3）经营活动现金流净额远低于净利润，这一迹象在提示投资者需要注意企业利润造假的可能。

投资活动现金流量中的异常现象

（1）购买固定资产、无形资产等的支出，持续高于经营活动现金流量净额，说明企业持续借钱维持投资行为。出现这种情况，要么是某项目给了管理层无敌的信心，要么就是某种特殊原因造成企业必须流出现金。若投资者找不到无敌信心的来源，可能就要选择后者的假设，这通常是营业收入造假和利润造假的资金源头。

（2）投资活动现金流入里面，有大量现金是因出售固定资产或其他长期资产而获得的。这可能是企业经营能力衰败的标志，是企业经营业绩进入下滑跑道的信号灯。

筹资活动现金流量中的异常现象

（1）企业取得借款收到的现金，远小于归还借款支付的现金。这可能透露银行降低了对该企业的贷款意愿，使用了“骗”回贷款的手段（银行常用手法："唐老板，请你先找笔钱还了到期贷款，我们要应付上面的检查，上面没意见，我才好安排新贷款给你呀。放心啦，你我好兄弟讲义气，所有的关系和手续都已经搞定了，一周时间给你批下来。"唐老板借了一笔高利贷还了银行贷款，然后银行就遇到一堆"意外情况"，之后就没有下文了）。春江水暖鸭先知，这种"骗贷"行为可能意味着企业出现某种圈内人士才知道的危机。

（2）企业为筹资支付了显然高于正常水平的利息或中间费用——体现在"分配股利、利润或偿付利息支付的现金"和"支付其他与筹资活动有关的现金"两个科目的明细里。当然，这也可能意味着企业遇到必须江湖救急的生存危机。

投资者在任何一个科目里发现异常现象，都需要动用老唐的搜索大法，在报表附注里寻找明细解释，甚至进一步致电公司证代或董秘寻求答案。

如何通过现金流量表寻找优质企业

搞定异常情况后，接着就可以对照上一节的八张肖像图，看企业属于什么类型的企业，并对应关注该类型企业的要点即可。

你如果是想寻找优质企业，老唐个人认为，关注以下 5 组数据足矣，原因均已经在前面谈过了，这里只列出基本条件：

（1）经营活动产生的现金流量净额 > 净利润 > 0；

（2）销售商品、提供劳务收到的现金 ≥ 营业收入；

（3）投资活动产生的现金流量净额 < 0，且主要是投入新项目，而非用于维持原有生产能力；

（4）现金及现金等价物净增加额 > 0，可放宽为排除分红因素，该科目 > 0；

（5）期末现金及现金等价物余额≥有息负债，可放宽为期末现金及现金等价物 + 应收票据中的银行承兑汇票 > 有息负债。

最后老唐要再次强调，以上因素不可以只看某一年的财报，衡量标准是数年持续如此。所以，需要投资者阅读并统计该公司历年财报，越多越好。

你该这样分析现金流量表

以贵州茅台为例，在阅读现金流量表的时候，我们至少应该制作这样三张图进行观察。

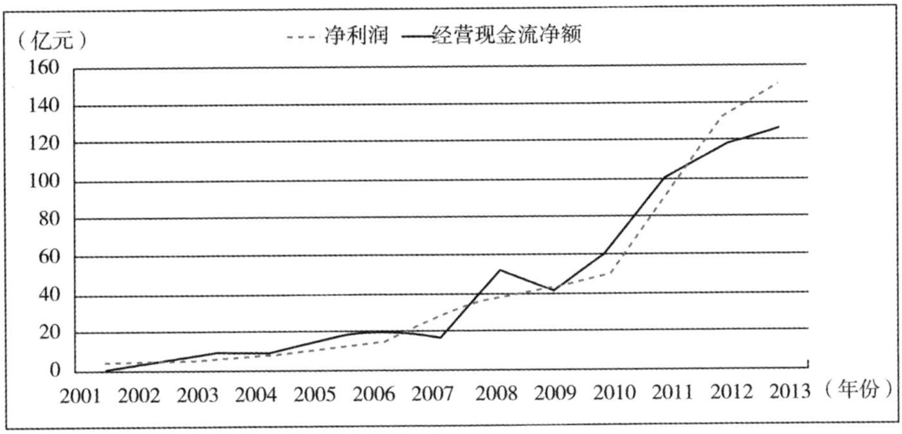

图 4－1 经营活动现金流量与净利润对比

图 4－1 可以帮助我们观察经营现金流净额是否为正，是否持续增长，净利润的含金量如何。

留个小问题给朋友们思考：这张图里两者间的波动，主要是由于什么造成的？

小提示：资产负债表中某项被传说用来调节利润的负债。

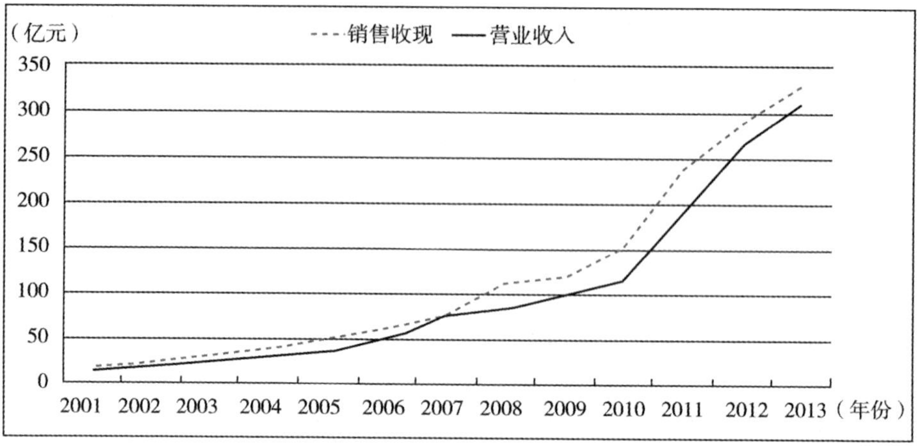

图4－2　销售商品、提供劳务收到现金与营业收入对比

图4－2可以帮助我们观察营业收入的增长是否正常，营收的增长是否是通过放宽销售政策达到的。

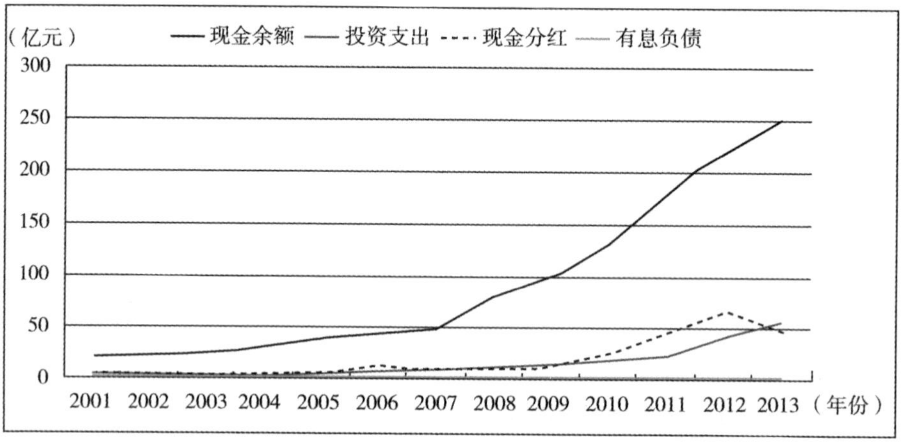

图4－3　现金余额、投资支出、现金分红和有息负债对比

图4－3可以帮助我们了解公司的现金是否足以支撑投资和筹资活动。不仅如此，我们还可以通过加进资产负债表中有息负债的数据，了解公司用以支撑投资和筹资活动的现金来源是否合理。

第五章
财报的综合阅读及分析

无论简单的季报，还是详尽的年报，都会提供资产负债表、利润表和现金流量表三张大表。看懂这三张表，财报的阅读基本就算解决了。虽然本书的重点不是谈财报分析，但如何将三大报表放在一起看，也是不能回避的内容。至于 2007 年才规定上市公司提供的所有者权益变动表，可以当作三大表的补充资料看待，这一点留在后面聊。

第一节　鸟瞰三大表

资产负债表、利润表和现金流量表共同反映一家企业的全景信息，但侧重点和表现手法各有不同。

相互关联的三张大表

资产负债表反映的是企业的财务状况。企业有多少资产，分别是些什么资产；有多少负债，长短期负债各有多少，有多少负债需要付利息，都体现在资产负债表里。企业所控制资源的多寡强弱，决定了企业持续经营和成长的能力。

利润表反映企业一段时间内的经营成果，展示企业利用掌控的资源为他人创造价值并实现盈利的过程及能力。或者通俗地说，它是展示某段时间内，企业经营是赚是赔，赚了多少或赔了多少。

现金流量表反映企业现金流入流出的过程，展示企业对资金的筹措和管控能力。从现金流量表中，可以观察企业是否有足够的偿债能力，是否能够持续、健康经营。或者通俗地说，现金流量表反映企业在某段时间里，收进多少现金，付出多少现金，还余下多少现金。

利润表的净利润，等于资产负债表“期末盈余公积 + 期末未分配利润 - 期初盈余公积 - 期初未分配利润 + 期内实施的分红”。净利润最终增加企业净资产中的留存收益（包括盈余公积和未分配利润）。这样，利润表和资产负债表就产生了关联。

现金流量表同资产负债表、利润表的联系更加紧密。企业的每笔支出都会引起现金的增减变化，会记入现金流量表。这笔支出，究竟是记入资产负债表还是利润表，要看该支出是只在一年内起作用，还是会在超过一年的期限内起作用。前者记入利润表，作为当期费用直接处理掉；后者作为资产，记入资产负债表。也就是说，资产和费用都是支出。资产是长效支出，费用是短效支出。

同样，企业的每笔进账，无论是债务、资本还是经营收入，同样会被记录于现金流量表。然后再通过支出变化成资产或费用（保留的现金也可看作资产）。

总结起来，资产负债表的负债和权益，都会先经由现金流量表这个出入口，转化为资产负债表的资产或者利润表的费用。

利润表的费用，去公司之外转了一圈后，会变成收入，重新经由现金流量表这个出入口回到公司。至于回来的是更多了，还是更少了，则要看利润是正是负。

利润的正负由收入和费用的大小决定，它等于“收入 - 费用”（广义的费用，指全部支出）。企业赚钱，增加所有者权益；企业亏损，减少所有者权益。因此，原本资产负债表的会计恒等式“资产 = 负债 + 所有者权益”，会因为利润表的存在，演化出一个新等式：“资产 = 负债 + 所有者权益 + 收入 - 费用”。

从这个新等式我们可以看出，企业如果想要虚增利润（收入 - 费用），那么它必将会虚增资产或虚减负债。虚减负债相对困难，所以大部分造假企业会选择虚增资产。上市公司操纵利润，90%与资产有关，只有10%左右涉及负债。原因很简单，操纵负债你需要债权人配合，而虚增资产只用和自己商量。

同时，利润表上记录的每一笔收入，要么产生了现金，要么产生了应收款。这样，利润表的收入，又通过收到现金和产生应收与现金流量表或资产负债表联系起来。对于涉及增值税的企业而言，可以将利润表的营业收入与资产负债表的应收账款、应收票据以及现金流量表的销售商品、提供劳务收到的现金建立简单对应关系：营业收入×117%≈销售商品、提供劳务收到的现金+应收账款、应收票据增加额。这个差别在10%上下波动，基本属于大体正常（原因见知识链接中的完整计算）。

｜知识链接｜

销售商品、提供劳务收到的现金=主营业务收入+其他业务收入（一般指的是销售材料、提供劳务）+本期销项税发生额+（应收票据的期初余额−期末余额）+（应收账款的期初余额−期末余额）+（预收账款的期末余额−期初余额）−当期计提的坏账准备−票据贴现产生的财务费用−非现金抵账+收回以前的坏账。

其中，应收账款的期初余额−期末余额=（应收账款的期初净额−应收账款的期末净额）+（坏账准备的期初余额−坏账准备的期末余额）。

企业财务分析四步走

知道了这三张报表之间的关系后，当我们需要进行财务分析时，可以先鸟瞰三大表概要，取得对公司的初步印象。

第一步：浏览资产负债表和利润表各科目，关注有无异常

所谓异常，指某科目出现明显过大比例的变动。例如，资产负债表中，资产端投资者应重点关注应收账款、应收票据、其他应收款、长期待摊费用有没有大比例增长（明显超过营业收入增长比例）；负债端重点关注应付票据、应付账款、其他应付款以及短期借款有没有大比例增长。

利润表里，先看营业利润率有没有大比例变化；再看营业利润中公允价值变动收益、投资收益及资产减值损失三者之和在营业利润中的占比有没有发生什么大变化；最后看营业利润与净利润的比例是否保持基本稳定。

以上科目若没有异常，投资者便可以进入下一步分析；反之，就必须去附注中寻找解释，甚至致电公司寻求答案。不能获得完整可信解释的，对整份财报就要心存警惕。请记住：财报是用来排除企业的。

第二步：进行财务指标的历史分析

历史分析是寻找可靠性的重要手段。两位同时取得 95 分成绩的同学，一位经常考 90 分，另一位经常考 60 分，前者可信度会远远高于后者。这就是历史分析的作用。不是说后者一定造假，而是概率偏大，需要进一步核查，至少在投资问题上必须如此。同理，连续赢利的公司，取得丰厚利润的可信度较高；连亏两年的公司，获得丰厚利润的可信度较低。

老唐的个人经验，国内上市公司的业绩，必须看满 5 年以上才能做可信与否的判断。以净资产收益率（ROE）来观察上市公司，会发现一个普遍适用的规律：公司上市当年的ROE，通常会较其上市前三年的平均水平下跌超过50%，且以后年度也很难恢复至上市前水平。至于原因嘛，台面上的解释是IPO导致净资产变大，而投资项目还没产生收益。而台面下的理由，老唐认为，是上市时化妆师下手太狠。

正因为如此，为避免受某年异常情况影响，对上市公司财报进行历史同比分析，是投资者不应该忽略的功课。

第三步：对比企业利润和现金流量变化的趋势

证明利润的含金量是否足够，是现金流量表的重要职责。拉长几年来看，企业的净利润总量与经营活动现金流量净额总量，应该保持一个大致稳定的比例，且最好是经营活动现金流净额大于净利润（请回忆前文有关现金流包含代收税款及净利润扣除折旧的内容）。

如果一方面企业获利很好，另一方面，现金流很差，投资者就必须要问自己一个问题：利润为什么没有转化为现金？并进行延伸思考，直至找到问题的可信解释——相信老唐，这是非常非常重要的一个问题。对它的思考，可以帮助你躲避绝大多数造假企业。

现金流量表章节谈过的企业现金流肖像，是帮助我们理解企业的有趣手段。投资者根据现金流三大板块的正负值，建立企业的对应肖像，并查阅该种类型企业应该关注的要点即可。

第四步：将企业与竞争对手比较

将企业的业绩与竞争对手或是行业指标比较，能够给我们带来更广阔的视野。一家企业也许增长不错，如营业收入同比增幅20%，但是如果我们放眼整个行业，发现行业平均增幅是50%，我们就可能得出另一个结论：鸭子没有随着水面上升，一定是某处出了问题。

通过和竞争对手或行业平均水平比较，我们可以避免被孤立的企业增速所迷惑。若企业增长低于行业平均增长，说明企业的市场份额在降低，竞争优势在慢慢消失，最终可能会被跑得更快的竞争对手打败。

与竞争对手的比较，一方面是比较资产负债结构，看行业内人士对资源的运用方向是否观点一致，对未来发展是有共识还是分歧；另一方面是比较利润表指标，通过利润产生过程中的各项收入和费用的比较，观察管理层是否称职，是否有效地运用了股东提供的资源。

投资者通过对异常情况的关注，对企业财务指标的历史对比、趋势分析以及和同行业竞争对手的对比，最终完成对企业安全性、盈利能力、成长性和营运能力的量化，从而评估企业价值。那么，这些对比分析，具体应该关注哪些指标呢？下节我们就来谈谈具体应该关注的财务指标。

第二节　财务指标分析

财务指标分析是通过对不同数据纵向和横向的比较，分析企业的安全性、盈利能力、成长性及管理层能力。谈财务指标分析的书籍在市场上汗牛充栋，老唐就浮光掠影地介绍一下主要指标的计算和要点，作为读者朋友们继续深入学习的垫脚石吧。

安全性分析

所谓安全性，指企业能否在需要的时候及时偿还短期债务。短期债务在财报里的名字叫“流动负债”，是企业在一年内或一个营业周期内需要偿付的债务。企业能够用以偿还流动债务的资产是流动资产。因此，安全性分析主要是观察流动资产与流动负债之间的关系，常见指标有两种，即流动比率和速动比率。

流动比率 = 流动资产 ÷ 流动负债

速动比率 = 速动资产 ÷ 流动负债

教科书一般认为流动比率在 2 左右，速动比率在 1 左右，属于企业比较理想的状态。比率过高，说明流动资产未能有效利用，太低说明企业有短期偿债风险。

由于速动资产的定义是流动资产里去除存货后的剩余部分，因此，速动比率公式也可以表达为：

速动比率 =（流动资产 - 存货）÷ 流动负债

企业的偿债能力指标除了流动比率和速动比率以外，还有资产负债率、净资产负债率、利息保障倍数、现金净流量与到期债务比、现金净流量与流动负债比、现金净流量与债务总额比，等等。其计算方法如下：

资产负债率 = 负债总额 ÷ 资产总额

净资产负债率 = 负债总额 ÷ 所有者权益

利息保障倍数 =（利息总额 + 利润总额）÷ 利息总额

现金净流量与到期债务比 = 经营现金净流量 ÷ 本期到期的债务

现金净流量与流动负债比 = 经营现金净流量 ÷ 流动负债

现金净流量与债务总额比 = 经营现金净流量 ÷ 债务总额

……

林林总总的计算方法，各有各的妙用。各位朋友若有兴趣，请自行研读专业书籍。作为保守的投资者，老唐个人认为，安全性指标只需一个就够了（自己用的，没名字），即

现金及现金等价物 ÷ 有息负债≥1

或适度放宽为：

（货币资金 + 金融资产净值）÷ 有息负债≥1

上述公式背后的意思是，变现迅速的资产足以偿还有息负债。至于无息负债，主要是经营活动中产生的经营性负债。经营性负债是企业在产业链的强势地位的副产品，既然强势，就无须考虑短期偿还的问题。

盈利能力分析

对于盈利能力，老唐习惯从两个角度去看。一个是从营业收入的角度，即每单位的营业收入有多少可以转化为利润；另一个是从资产角度看，即每单位股东投入加上所借有息负债能产生多少利润。

从收入角度看盈利能力，投资者要关注营业利润率、毛利率和净利率。其中尤以营业利润率最为重要。

营业利润率 =（营业收入 − 营业成本 − 三费）÷ 营业收入

毛利率 =（营业收入 − 营业成本）÷ 营业收入

净利率 = 净利润 ÷ 营业收入

毛利率显示企业产品的竞争力；营业利润率和净利率，则附加了费用信息。①

从资产角度看，投资者要关注净资产收益率和总资产收益率。

净资产收益率 = 净利润 ÷ 平均净资产

总资产收益率 = 净利润 ÷ 平均总资产

平均净资产或平均总资产，可以简单地用期末值与期初值之和除以 2 得出。

股东将资本投入企业，目的是为了获取最大利润回报。因此净资产收益率（ROE）当然是衡量企业盈利能力最重要的指标。巴菲特曾多次强调："我们用净资产收益率衡量一家公司经营的好坏"。净资产收益率直白地告诉股东，投进公司的每一元钱在某阶段（一年或一季）里获取了多少利润。

需要投资者注意的是，这里的净资产，指的是企业资产负债表的所有者权益，而不是你买入股票所投入的资本。例如，以贵州茅台为

---

① 这里的营业利润不包含公允价值变动收益、投资收益和资产减值损失。

例，2013 年净利润为 160 亿元，公司净资产的期末值 441 亿元、期初值 355 亿元（含少数股东权益和少数股东损益），那么它的净资产收益率就可以简单看为 160 ÷ 398 ≈40% 。这个比值与你 120 元或 180 元买入贵州茅台股票毫无关系。

总资产收益率指标是在净资产收益率的基础上考虑了杠杆因素。例如，两家企业，同样是 100 元净资产，同样赚了 20 元净利润，但 A 企业额外借了 200 元债务投入运营，B 企业没有借债，两家企业的盈利能力实际并不相同。很明显，净资产收益率相同的两家企业，总资产收益率更高的那家，有更强的盈利能力，并承受更小的风险。

其他反映盈利能力的常见指标还有：

营业成本率 = 营业成本 ÷ 营业收入

销售费用率 = 销售费用 ÷ 营业收入

息税前利润率 = （利息支出 + 营业利润） ÷ 营业收入

内部资产收益率 = 营业利润 ÷ （总资产 – 长期股权投资）

净资产现金回收率 = 经营现金净流入净额 ÷ 平均净资产

总资产现金回收率 = 经营现金净流入净额 ÷ 平均总资产

……

有兴趣的读者朋友，请自行学习。

成长性分析

企业的成长性，同样可以从收入和资产两个角度看。从收入角度看，重点看营业收入增长率和营业利润增长率；从资产角度看，重点看总资产增长率和净资产增长率。

所谓增长率，指财务指标的同比或环比变化情况。同比，指相对于上年同期的增长；环比，则指相对于上一个营业周期的增长。例如，说今年 9 月某指标同比增长 n%，指的是今年 9 月的该指标数据，是去年 9 月该指标数据的（1 + n%）倍；而如果说今年 9 月某指标环比增长 m%，则指的是今年 9 月该指标数据，是今年 8 月该指标数据的（1 + m%）倍。

营业收入增长率 =（本期营业收入 - 上期营业收入）÷上期营业收入

营业利润增长率 =（本期营业利润 - 上期营业利润）÷上期营业利润

总资产增长率 =（本期总资产 - 上期总资产）÷上期总资产

净资产增长率 =（本期净资产 - 上期净资产）÷上期净资产①

管理层能力分析

管理层能力，也被称为“营运能力”。管理层能力的主要观察指标包括应收账款周转率、存货周转率、固定资产周转率、总资产周转率等。这几个指标都带有“周转率”三个字，通俗理解，观察管理层营运能力的高低，主要就是看他们在一个固定周期里，对企业资源的利用次数。

应收账款周转率 = 营业收入 ÷ 平均应收账款

平均应收账款 =（期初应收账款总额 + 期末应收账款总额）÷2

这个比率越高，说明应收账款在一个年度里转化为现金的次数越多，每次拖欠的应收账款回收速度更快。但是如果应收账款周转率太高，说明销售条件比较严格，也存在因此失去部分客户的可能。因此，这个指标适合与该公司的历史数据对比观察，看营业收入增长的同时，应收账款周转率是否下降了。应收账款周转率下降，意味着营业收入的增长，有放松销售政策的因素。反之，营业收入的增长，伴随着应收账款周转率的稳定或提高，意味着营业收入的增长是可靠的、

① “上期”指哪期，取决于你准备计算同比增长率还是环比增长率。

值得信赖的。

存货周转率 = 营业成本 ÷ 存货平均余额

存货平均余额 = （期初存货总额 + 期末存货总额）÷ 2

存货周转率反映公司的存货利用情况。一般来说，存货周转率越高，存货占用的资金越少。但存货周转率太高，意味着公司产品可能会出现供应脱节，导致市场无货的情况，从而影响企业营业收入的实现。因此，存货周转率的数值，要根据具体企业情况，以满足市场需求的情况下，保持最小库存量为至高境界。需要注意，存货可能贬值的企业和存货不会贬值的企业，存货周转率数据可能会有天壤之别。

固定资产周转率 = 营业收入 ÷ 固定资产净值

固定资产周转率，是衡量厂房和机器设备等固定资产使用效率的比率。它反映的是企业属于“轻资产企业”还是“重资产企业”。请参考资产负债表最后一节中关于轻重资产区分的内容。

总资产周转率 = 营业收入 ÷ 平均总资产

总资产周转率是综合评价企业全部资产经营质量和利用效率的重要指标。总资产周转率越大，证明同样数量的资产，产生更多的销售收入；或者同样的销售收入，占用更少的企业资源。总资产周转率越大，反映企业管理层资产运用能力越强。

总体分析

对企业财务的总体分析常用的是杜邦分析体系。几乎每本有关财务分析的书籍都会谈到杜邦分析体系。这套体系由美国杜邦公司开创，通过对净资产收益率计算公式的分解，寻找和挖掘驱动利润的关键因素，是一套实用和高效的财务工具。

前面说过，如果只用一个指标来衡量企业的优劣，净资产收益率（ROE）是首选。ROE = 净利润 ÷ 净资产，表达的是股东每投入一元资本，在某个营业周期能获取的净利润。资本天生是逐利的，这个指标当然越高越好。

当企业的 ROE 不尽如人意时，我们就要分析 ROE 变化的原因，应该怎么做呢？表面上看，无非是增加净利润或减少净资产，但这不是解决问题的具体方法，很难付诸实践。

在这种情况下，美国杜邦公司开创性地提出了一种全新的思路，将净资产收益率 = 净利润 ÷ 净资产，演化为

$$\text{净资产收益率} = \frac{\text{净利润}}{\text{销售收入}} \times \frac{\text{销售收入}}{\text{平均总资产}} \times \frac{\text{平均总资产}}{\text{净资产}}$$

这是小学乘除混合计算。后面的算式，通过约分将还原成“净利润 ÷ 净资产”。这个分解，将企业投入资本获取净利润的途径，拆成了三部分：产品净利润率（净利润 ÷ 销售收入）、总资产周转率（销售收入 ÷ 平均总资产）和杠杆系数（平均总资产 ÷ 净资产）。

眼熟吧？还记得老唐前面谈过的“茅台模式”“沃尔玛模式”和“银行模式”吗？这三种模式，就是杜邦分析体系展示的企业提升净资产收益率的途径。一家企业盈利，必然源于产品净利润率的提升、总资产周转率的提高或者放大杠杆撬动更多资源。

通过杜邦体系对财务数据的拆解，分析企业究竟是依赖高净利润率的产品或服务（茅台模式），还是依赖企业管理层的营运能力（沃尔玛模式），或者是因为公司使用了足够大的杠杆（银行模式），然后结合对企业的认识，关注净利润率变化趋势、周转率的改善或恶化可能、杠杆的成本及风险，就能分清企业的优势和劣势。而后，你可以站在企业管理者的角度思考，发现净资产收益率高或低的原因，以及可能发生改变途径。

老唐认为，这三种模式也是可以按顺序分出优劣高下的。对企业来说，有高净利润率的产品当然最好，一本万利的生意，对管理层营运能力的要求就没那么高了；遇到优秀的管理层，则是锦上添花，遇到愚蠢的管理层，也还经得起折腾。巴菲特有句投资名言：“只投资傻瓜也能管理的企业，因为迟早会有傻瓜来管理它的。”

如果没有高净利润率的产品，就需要寄托于管理层的营运能力了。此时，就如同风险投资行业内的标准口号，“投资只有三个标准，第一是人，第二是人，第三还是人”。在竞争充分的市场里，优胜者是提供更低成本产品或服务的企业，这取决于管理团队掌控和运用资源的能力。当然，其中风险主要是人的变化，难测、难控。正所谓“周公恐惧流言日，王莽谦恭未篡时。向使当初身便死，一生真伪复谁知?”前面说过的股神巴菲特投资英国零售商 Tesco 的事迹，正是下注于管理层营运能力的失败案例。

最差的盈利模式，是高杠杆。高杠杆是一种脆弱的商业模式，对确定性的要求非常高。2008 年次贷危机中破产的百年投行雷曼兄弟，濒临破产的美林、AIG，以及不得不求救于巴菲特的世界投资银行业一哥高盛，都是集中全球尖端的头脑，运用顶级的硬件和模型，通过高杠杆获取市场波动的利润。曾经的日进斗金，遇到一次异常情况，便全盘亏空，一败涂地。无数个 100% 的增长，抵不过一个 100% 的亏损。

管理他人钱财的行业，赢了有大把分账，亏了由客户承担。这种模式决定了他们喜好高杠杆行业。至于个人投资者，建议慎重对待高杠杆行业和企业。即使因估值便宜而关注或投资高杠杆企业，也需要注意分散，以防一次意外，万劫不复。

以上对杜邦体系的介绍很初级。该体系是选股和公司分析的有效工具，推荐投资者进一步深入学习。这里老唐补充强调一点：整个杜邦体系未涉及现金流量表的因素。因此，杜邦分析的结果，还需要利用现金流量数据去验证，具体方法参见本书现金流量表章节。

第三节　使用财务数据估值

股神巴菲特年复一年地告诉全世界的投资者："投资没那么复杂。你只需要学习两门课程就可以了，一门是如何评估企业价值，另一门是如何看待股市波动。"另一位投资大师塞斯·卡拉曼在其经典著作《安全边际》中也谈道："投资没有什么神秘的。简而言之就是先确定某个证券的内在价值，然后以这个价值的适当折扣买进。事情就是那么简单。"

如何才能知道一家企业的价值呢？投资者阅读财报，分析财务数据，绝大部分都是为了解答这个问题。

关于利用财务数据评估企业价值，塞斯·卡拉曼这样说："虽然存在许多用于企业价值评估的方法，但我发现只有三种方法是有用的。第一种是现金流折现法，计算企业未来可能产生的全部自由现金流折现值，来计算企业价值；第二种是清算价值法，计算企业变卖全部资产、清偿全部负债后，剩余的现金价值；第三种是股市价值法，预测一家企业会在股市上以怎样的价格进行交易，来评估企业价值。"

老唐就按照大师的分类方法，简单聊聊三种估值方法及其涉及的财务数据。

现金流折现法评估企业价值

投资大师巴菲特认为，买入股票时，你必须知道你买的是什么。怎样才能做到这一点呢？答案是：阅读企业及其竞争对手的财报。

巴菲特说，他每天都读财报，就像别人读报纸一样津津有味。在投资中石油股票前，他就是读了 2002 年、2003 年的财报，然后决定投入 4.88 亿美元买入中石油股票。他特别强调，做出这一决定的理由，仅仅是阅读了中石油的财报，当时他并没有见过中石油公司管理层，也没有读过分析家们写的关于中石油公司的分析报告。

他说，阅读每份公司年报的侧重点和方法是不一样的，但从根本上说，主要是看公司的内在价值。他认为，正确的股票投资，就是要寻找内在价值被低估的公司，然后以合理的价格买入。无论什么因素，包括外部宏观形势如何改变，都不能动摇这一做法。

那么，巴菲特用什么方法评估上市公司价值呢？答案是现金流量折现法——“企业的价值等于剩余存在期内自由现金流的折现值”。解释大师的答案之前，有必要先解释两个名词，即自由现金流、折现。

自由现金流，是企业经营活动流入现金净额，减去维持现有生意运转必需的现金投入。实践中一般用财报“经营现金流入净额 - 投资活动现金流出”来毛估。之所以毛估即可，是因为自由现金流折现法本就是一个估值思路，不是一个精确计算的方法。

将未来的钱折算成今天的价值，就是折现，前面谈过。若确定年收益 10%，一年后的 110 万元折算成今天的现值就是 100 万元。理论上，将企业未来每年的自由现金流，按照某折现率（国债利率 + 适当风险补偿）逐笔折算为今天的现值，然后将所有现值加总，便是该企业的价值。企业的终极价值来源，是能从企业拿走且不影响企业正常运营的现金总和。其他的价值，仅仅是在此基础上的情绪博弈。

实际运用中，通常会需要投资者逐笔计算出数年的自由现金流，然后将之后的部分估算一个永续价值。把数年的现金流及永续价值一起折现，加总得出企业的价值。例如，假设现在是年初，我们预计某企业今年底可产生自由现金流 10 亿元，预计 5 年内自由现金流的年增长为 15%，其后能保持 3% 的永续增长。若折现率取值 10%，企业价值如表 5－1 所示。

表 5－1　自由现金流折现法计算企业价值　　单位：亿元

	自由现金流	现值	计算公式
第 1 年底	10	9.1	$10 \div 1.1$
第 2 年底	11.5	9.5	$11.5 \div 1.1^2$
第 3 年底	13.2	9.9	$13.2 \div 1.1^3$
第 4 年底	15.2	10.4	$15.2 \div 1.1^4$
第 5 年底	17.5	10.9	$17.5 \div 1.1^5$
永续价值	257.5		$17.5 \times 1.03 \div (10\% - 3\%)$
永续价值现值		145.4	$257.5 \div 1.1^6$
企业价值		195.2	

评估出企业价值，投资者可以在市场价格低于企业价值时买入，以获取高于折现率的回报，即上表企业价值为 195.2 亿元，若现金流预测正确，195.2 亿元买入将获取 10% 的年回报，低于 195.2 亿元的价格买入，就能获得超过 10% 的回报（再次强调，市盈率变化导致的回报不在本书讨论范围）。保守的投资者，一般会在企业价值的四五折附近买入。这就是本节开头“投资没有什么神秘的。简而言之就是

先确定某个证券的内在价值，然后以这个价值的适当折扣买进”的含义。

这种估值方法，依赖于对企业未来现金流的预测，且年增长、永续增长或折现率假设的细微变化，都会导致计算结果差距巨大。因而，该方法只能用于评估产品变化小、需求偏好稳定、具有持续竞争优势、未来自由现金流可以预测的企业，且主要是作为一种选择企业原则和大致估算的方法，无须也不可能寻求到精确估值。

若不具备以上特征（如初创企业或科技企业），该企业未来是否存在尚不可知，更谈不上预测自由现金流了。无法预测现金流的企业，需要考虑其他估值方法。

清算价值估值法

以企业清算价值来评估企业的价值，是种相当悲观的方法。20 世纪 30 年代美国大萧条期间，美国股市跌到只剩下高点的 10%，创造这种估值方法的大师就生存在那个年代。知道了这点，你也就不会对悲观感觉奇怪了。这位大师，就是创造了证券分析行业的一代宗师，有“价值投资之父”“华尔街教父”之称的本杰明·格雷厄姆。

这种估值方法，将投资目标放在售价低于企业有形资产账面值的企业，涉及企业财报资产负债表所有有形资产科目，通俗易懂，没有什么好解释的。

20 世纪 30 年代美国大萧条后，悲观气氛笼罩着全球资本市场。很长时间里，市场价值低于有形资产账面值的企业多如牛毛。清算价值估值法获得了极大的成功。大萧条之后，这样的企业越来越少了，但格雷厄姆思想的光辉丝毫没有减弱。很多学习其理论的投资人都获得了极大的成功，沃尔特·施洛斯、塞斯·卡拉曼以及早期的沃伦·

巴菲特（后期转向了现金流折现法）都是其中的佼佼者。前者2012年逝世，享年95岁，后两者依然活跃在世界投资舞台上。

如果你对这种估值方法感兴趣，格雷厄姆的《证券分析》《聪明的投资者》和塞斯·卡拉曼的《安全边际》都是必读好书，其中《证券分析》还是一本关于财报阅读和分析的进阶书籍。可惜沃尔特·施洛斯没有著书。施洛斯从不调研企业，只通过阅读财报和公开信息分析和决策。他老人家对于财报阅读和分析，一定有很多独门秘籍。无缘系统学习，实在可惜。

股市价值法

股市价值法，是选择与目标公司具有较强可比性的公司，参照其当前的市盈率、市净率或收入水平，预测股市参与者会给目标公司什么市盈率、市净率或收入倍数，再结合企业的净利润、净资产或销售收入，进行企业价值估算。

股市价值法估值的可靠性依赖于对“可比公司”的选择。理论上，可比公司与目标公司应该越相似越好。实践中，一般只能尽可能选择在行业、主营业务或主导产品、资本结构、企业规模、市场环境以及风险度等方面相同或相近的公司。

选定可比公司后，再确定比较基准，也就是目标公司和可比公司之间比较什么财务指标。常用的比较指标有每股收益（市盈率倍数法）、每股净资产（净资产倍数法）和每股销售收入（收入倍数法）等。这种估值方法，多见于新股IPO招股说明书中发行价确定章节，各位朋友可以直接拿IPO招股说明书对照学习。

另外，对于同一家公司，先预测未来的市盈率和净利润，估算未来的市场价值，再按照期望回报率对未来市场价值打折确定购买价格，也是被很多投资大师使用的一种快捷估值方法。例如，假设某公司今年净利润为 1，经过投资者测算和判断，预测第三年的净利润可能为 2，并预测第三年股市将给该股票超过 15 倍市盈率。那么第三年的预测股价就是 $15 \times 2 = 30$ 元，如果自己的回报率要求是三年翻倍，那么 15 元以内将是自己可以买入的价格区域。

本节要点

方　法	要　点
现金流折现估值法	未来的自由现金流
清算价值估值法	有形资产账面净值
股市价值法	净利润、净资产及营业收入

第六章
所有者权益变动表和财报附注

2007 年以前，公司所有者权益变动情况是以资产负债表附表形式体现的。2007 年起，监管部门要求上市公司正式对外呈报所有者权益变动表，所有者权益变动表成了与资产负债表、利润表和现金流量表并列披露的第四张财务报表。

财报附注，则是对资产负债表、利润表、现金流量表和所有者权益变动表等报表中列示项目的文字描述或明细资料，以及对未能在这些报表中列示项目的说明等。财报附注是财务会计报告体系的重要组成部分。

第一节　所有者权益变动表

所有者权益变动表，也称“股东权益变动表”。它反映公司本期内所有者权益变动情况，包括：直接计入所有者权益的利得和损失信息；所有者权益总量的增减变动；所有者权益增减变动的结构信息。

概念分析

利得，是2007年才正式引入我国会计准则的新定义。利得的引入将以前的“收入”依据其来源拆成了两部分：来自日常经营活动，被称为“收入”；来自资产及负债的价值变化或者偶然事件，被称为“利得”。收入与费用对应，收入减去费用是利润。利得和损失对应，利得扣除损失，可能形成利润，也可能直接形成净资产。

利得就两大块：计入当期利润的利得和损失；不计入当期利润的利得和损失。两者又各有五小块，全部是老唐在资产负债表和利润表中谈过的内容，所有者权益变动表只是将其整理在一起了而已。因此，如果资产负债表和利润表部分你已经仔细读过，所有者权益变动表读不读，老唐个人觉得问题不大。反正老唐是极少仔细看所有者权益变动表的。

当然，为方便朋友们，老唐这儿还是理一遍，算和朋友们共同复习吧。再次声明，本节内容全部是前面谈过的，可能枯燥无趣。若你跳过去，不会影响对财报的使用。

计入当期利润的利得和损失，包括：

（1）资产减值损失；

（2）公允价值变动收益；

（3）投资收益；

（4）汇兑收益；

（5）营业外收支。

这五项内容，全部在利润表章节，若有不明白的，请返回复习。

不计入当期利润的利得和损失，指按照会计准则，计入“资本公积——其他资本公积”科目下的内容，包括：

（1）可供出售金融资产公允价值变动（不含减值损失和汇兑损益）；

（2）金融资产重分类，重分类日公允价值与账面价值差额；

（3）自用或存货房地产转换为公允价值模式核算的投资性房地产，转换日公允价值与原账面价值的差额；

（4）采用权益法核算的长期股权投资，被投资单位除净利润以外的所有者权益变动，在持股比例不变的情况下，企业按照持股比例计算应享有的份额；

（5）可转换债券所含权益对应的公允价值。

这五项内容，前四项在资产负债表“投资相关资产”章节，读者若有不明白的，请返回复习，第五项见下文知识链接。

知识链接：可转换债券

可转换债券简称“可转债”，是上市公司发行的低息债券，附加了以某价格转换成公司股票的权利。资产负债表将企业钱的来源分为负债和股东投入两部分，分别列在负债和所有者权益里。可转债含有股和债双重成分，需要根据年利息先算出债权公允价值，列入负债，然后将其余部分归入权益。

以茅台为例

利得、资本的投入（或减少投入）、利润，都会使所有者权益发生变化，所有者权益变动表归纳和展现这个变化过程。下面让我们对照贵州茅台 2013 年财报合并所有者权益变动表，观摩一遍其过程。

合并所有者权益变动表的表头分了三大块，分别表述为“归属于母公司所有者权益”“少数股东权益”和“所有者权益合计”。当然，后者就是前两者的加总，如表6－1所示。

少数股东权益，是在上市公司下属子公司中占少数股份的股东所拥有的权益。这份报表是给上市公司股东看的，他们当然重点关心的是“归属于母公司所有者权益”，因此，合并所有者权益变动表的展示重心是“归属于母公司所有者权益”。

表6－1　合并所有者权益变动表

项目	归属于母公司所有者权益				少数股东权益	所有者权益合计
……	实收资本	资本公积	盈余公积	未分配利润		

在资产负债表里面，我们谈过，所有者权益主要由四大块构成，即实收资本、资本公积、盈余公积和未分配利润。因此，所有者权益

变动表中“归属于母公司所有者权益”部分，就分为这四个项目展示。

阅读延伸：三个小细节

（1）母公司所有者权益变动表，因为没有少数股东，也就不存在“少数股东权益”科目；

（2）如果上市公司是金融企业，或者有子公司是金融机构，会增加一个“一般风险准备”项；

（3）如果上市公司在两个国家或地区上市，还需要增加“外币报表折算差额”。

接下来，公司会计从上年末数据开始，在“项目”列中罗列能够造成“归属于母公司所有者权益”的实收资本、资本公积、盈余公积和未分配利润以及少数股东权益、所有者权益合计科目变化的原因。

下表展示“归属于母公司所有者权益”的变化细节。因“少数股东权益”的变化与“归属于母公司所有者权益”按比例同步，而“所有者权益合计”只是将前两者加总，都很清晰明了，老唐就不在下表中重复了。

首先从上年末所有者权益余额开始，加上由于会计政策变更或会计差错更正带来的变化（若有），得到本年初所有者权益余额。

表 6－2　归属于母公司所有者权益构成

项　目	归属于母公司所有者权益				数据来源
	实收资本	资本公积	盈余公积	未分配利润	
A：上年年末余额					上年的资产负债表所有者权益对应科目

续表

项　目	归属于母公司所有者权益				数据来源
	实收资本	资本公积	盈余公积	未分配利润	
B：会计政策变更导致的变化					若有（变化为负值，该处就表达负值）
C：前期会计差错更正					若有（变化为负值，该处就表达负值）
D：本年年初余额	D = A + B + C				

然后用“本年年初余额”，加上“本期增减变动金额”，得出“本期期末余额”。其中最重要的部分，是“本期增减变动金额”，它也分五块，具体如下所述：

E：净利润。

F：其他综合收益。主要指前文提到的五项不计入当期利润的利得和损失。

G：所有者投入和减少资本。

H：利润分配。利润分配指公司当年如何处理经营所获得的净利润，包括提取盈余公积、提取一般风险准备、提取专项储备和向股东派发红利。

M：所有者权益的内部结转。指资本公积转增股本和拿盈余公积弥补亏损或转增股本。

表6－3　期末所有者权益总额获取的过程

项　目		归属于母公司所有者权益				数据来源
		实收资本	资本公积	盈余公积	未分配利润	
……		……				
D：本年年初余额		D＝A＋B＋C				
E：净利润						当期合并利润表
F：其他综合收益						当期合并利润表。主要是前文提到的五项不计入当期利润的利得和损失
G：所有者投入或减少资本						合并资产负债表实收资本和资本公积科目
H：利润分配	I：当年提取的盈余公积					财报重要提示之“提取盈余公积”
	J：当年提取一般风险准备					财报重要提示之“提取一般风险准备”
	K：当年提取的专项储备					同上，若有（高危行业提取的安全生产费）
	L：当年实施的上年度分红					上年度分红方案（给钱出去，用负数表示）
M：所有者权益内部结转						送股、转增股本、盈余补亏等

注：如果有需要补充说明的其他项目，上市公司会在表中单列或以其他项列出。

D＋E＋F＋G＋L＝期末所有者权益总额

请读者注意：上述公式中不包括M，因为M只是所有者权益内部存在形式的变化，增加其中某项，一定会同时减少其他项，不引起“归属于母公司所有者权益”总额的变化。

同样，利润分配中的 I、J、K 三项，也只是将留存公司的净利润换了一个科目摆着而已。增加 I、J、K 的同时会减少净利润，总量不变。只有分红才是减少了公司的所有者权益，需要减去（表示为加上负数）。

这张表，就这么简单。

第二节 财报附注

附注是财报的重要组成部分，几乎所有重要的科目都会在附注里面附加明细说明。老唐在前面讨论几张报表时一直推荐使用的搜索大法，就是为了在附注里面寻找所需的资料。

附注简介

贵州茅台2013年财报的核心部分“财务会计报告”，第41—100页共计60页，其中第一部分审计报告和第二部分财务报表，第41—58页，约占30%篇幅，其他近70%的篇幅用于附注。因此，附注可以说是财报里信息量最丰富的部分，阅读者绝不可以放过。坦率说，不读附注，不能算合格的财报阅读者。

虽然各个公司的财报附注格式会略有区别，但大体结构基本类似。我们还是通过贵州茅台2013年财报来观察附注的构成。贵州茅台2013年财报附注由以下十二部分构成。

按重要性划分，第七部分和第十三部分是附注中最重要的内容；第四、五、六、八部分，是比较重要的部分；其他部分可以大致浏览。

科目解释

下面老唐就为大家逐条介绍内容及使用要点。

公司基本情况

对这一部分，第一次阅读公司报表的时候可以看看，作为对公司的大致了解，以后可以直接跳过去。

公司主要会计政策、会计估计和前期差错

这部分详细地列出了公司所使用的会计政策、会计估计和前期差错。

会计政策和会计估计是报表编制的基础，当然很重要。但上市公司一般都是采用符合会计准则要求的政策和估计。因此，这部分内容

你基本在前面的三大表讲解中都已经有所理解了。

只有在阅读三大表时，觉得数据有异常或者对某科目有疑惑时，才需要到这里来寻找政策和估计说明。否则，你只需在第一次阅读某公司报表时仔细读一遍，以后这部分就可以跳过了。因为该部分若有变化，就是公司的重大事项，必然会在“董事会报告”或者“重大事项”里进行专项说明，你一定不会错过。

至于前期差错，包括算错账了、应用了错误的会计政策、疏忽或者曲解了事实、造假账被逮住了以及存货或固定资产盘盈等，都要按照假设错误没有发生来调整报表。毫无疑问，无论是哪种情况，报表经常有差错的企业，可能是低能，也可能是故意的。

税项

对于此项内容，同样对待，第一次阅读公司报表的时候可以看看。以后只需要在计算公司具体税额时，搜索所需税项之税率即可，无须特意阅读。哪一年税率有变化，董事会一定也会特意向你汇报，你一定不会错过。

企业合并及合并财务报表

这部分通常又分两部分内容，一是企业合并范围的公司名录及基本情况；二是本期内合并范围的改变及改变原因说明。

通过前者，我们能够知道上市公司所控股的子公司有哪些，对每家子公司的持股比例是多少，还可以通过少数股东权益反推出这家子公司的净资产。例如，茅台公司财报第 66 页显示，茅台进出口公司少数股东权益为 2745.81 万元，且上市公司持有其 70% 股份，由此可以推算出茅台进出口公司 2013 年的净资产就是 2745.81 ÷ 30% = 9152.7 万元。同样，茅台销售公司少数股东权益 99545.76 万元，上市公司持有其 95% 股份，那么茅台销售公司净资产为 99545.76 ÷ 5% = 1990915.2 万元。

通过后者，我们能知道本期内公司是否新设或注销了公司，是否增加或减少了对子公司的出资。至于这些信息如何利用，就要结合公司情况具体分析。

合并报表项目解释

这是报表附注中最重要的部分。贵州茅台 2013 年财报的这部分，分为了 44 项解释。如果你翻回财报第 42 页再看四份“合并××表”，你会发现，附注中的前 41 项逐条解释了合并资产负债表和合并利润表每一个有数字的科目（加总计算得出的除外），它们一一对应着从合并资产负债表“附注”列中开始的序号“（一）（二）……”，如下所示。

项目	附注	期末余额	年初余额
流动资产：			
货币资金	（一）	25,185,009,331.68	22,061,999,850.17
结算备付金			
拆出资金			
交易性金融资产			
应收票据	（二）	296,084,005.00	204,079,117.80

到合并利润表结束的序号“（四十一）”，如下所示。

加：营业外收入	（三十九）	32,763,249.14	6,756,532.19
减：营业外支出	（四十）	391,947,775.17	137,005,880.68
其中：非流动资产处置损失		8,997,287.17	165,718.82
四、利润总额（亏损总额以“－”号填列）		21,432,360,425.97	18,700,490,469.16
减：所得税费用	（四十一）	5,467,460,544.92	4,692,039,766.99

这其中，每一个单项里面，又根据解释的需要，可能分为多条来说，例如，“（三十一）”就又分为详细的5部分讲解。

1. 营业收入、营业成本

项目	本期发生额	上期发生额
主营业务收入	30,921,391,282.59	26,455,251,445.86
其他业务收入	410,034.01	83,707.13
营业成本	2,193,920,307.99	2,044,306,468.76

2. 主营业务（分行业）

行业名称	本期发生额		上期发生额	
	主营业务收入	主营业务成本	主营业务收入	主营业务成本
酒类	30,921,391,282.59	2,193,909,811.13	26,455,251,445.86	2,044,240,866.68
合计	30,921,391,282.59	2,193,909,811.13	26,455,251,445.86	2,044,240,866.68

3. 主营业务（分产品）

产品名称	本期发生额		上期发生额	
	主营业务收入	主营业务成本	主营业务收入	主营业务成本
茅台酒	29,055,414,849.74	1,574,205,906.56	24,032,635,151.18	1,400,404,842.86
系列酒	1,865,976,432.85	619,703,904.57	2,422,616,294.68	643,836,023.82
合计	30,921,391,282.59	2,193,909,811.13	26,455,251,445.86	2,044,240,866.68

4. 主营业务（分地区）

地区名称	本期发生额		上期发生额	
	主营业务收入	主营业务成本	主营业务收入	主营业务成本
国内	29,820,887,732.94	2,093,154,846.08	25,440,133,474.75	1,963,506,552.29
国外	1,100,503,549.65	100,754,965.05	1,015,117,971.11	80,734,314.39
合计	30,921,391,282.59	2,193,909,811.13	26,455,251,445.86	2,044,240,866.68

5. 公司前5名客户的营业收入情况

客户名称	主营业务收入	占公司全部主营业务收入的比例(%)
第一名	449,864,271.83	1.45
第二名	427,494,025.49	1.38
第三名	268,323,435.46	0.87
第四名	255,348,235.93	0.83
第五名	207,030,312.01	0.67
合计	1,608,060,280.72	5.20

解释完了合并资产负债表和合并利润表所有项目以后，附注的第42条详细展示了“基本每股收益和稀释每股收益的计算过程”。第43条和44条补充了合并现金流量表部分数据，其中，第44条的第1小项，就是我们前面谈现金流量表时谈到的“间接法编制的现金流量表”。

这样的明细解释，作为一位财报阅读者，是绝对不可错过的。基于对自己的投资负责的原则，这部分是需要逐字细读的。毫不夸张地说，这部分的每个字，都勾着你的钞票。

虽然不同的公司提供数据的明细程度和侧重点可能会有不同，但大体结构都是类似的。朋友们对照贵州茅台的财报练习阅读一次后，其他公司的财报附注解释，应该就不会再是障碍了。

关联方及关联交易

这部分很重要，但很简单，就是向资本市场坦白交代哪些公司是上市公司关联方，和关联方做了哪些交易，交易的是什么，交易价格是如何决定的，付款条件等其他交易细节是什么。

上市公司关联方可能是与上市公司存在股权关系的公司，母公司及母公司控股、合营或联营的企业，或与上市公司共同直接或间接投资其他公司的个人或机构，以及各方主要股东、管理人员及其关系密切的家庭成员控制或间接控制的公司等。

中国商业社会目前尚不具备完全的法治环境，很多商业行为仍然主要依赖信任而非契约。企业与关联方知根知底，容易产生信任，合作过程中出现变化也容易协调，再加上肥水不流外人田的思想，所以关联交易几乎是每家上市公司都必不可少的现象。

关联交易有很多有利之处，如节约交易成本，建立更加可靠的供应或需求关系等，但也存在损害上市公司利益的风险。因而关注“关联方及关联交易”，主要是警惕其中有没有显失公平的异常交易。显失公平，包括交易条件或交易价格是否远高于或远低于市场正常条件或价格、上市公司是否产生大额应收款或高额预付款、是否有风险巨大的对关联公司的担保以及某些交易的发生是否必须等。这些内容，阅读者对行业越熟悉越能做出正确判断；对公司历史关联交易情况越熟悉，越有助于做出正确判断；对该企业及其竞争对手的财报阅读越多，越有助于做出正确判断。

股份支付

股份支付主要指期权，指上市公司通过免费或低价向员工发行股份来购买员工服务的行为。通常会对购买者附有一定的条件约束，如工作年限或绩效考核等。

这部分对于初读财报者，只需要理解“股份支付是上市公司的一种费用支出，按规则需要从利润表里扣除”即可。具体费用多少，上市公司会用一种复杂的模型（常用 Black - scholes 模型）计算。

同时，员工购买期权内包含的股权，所支付的金额，会计入所有者权益变动表的“所有者投入和减少资本”科目里。

或有事项

或有事项就是对企业经济决策有影响的一些事项，暂时没有明确结果，只能通过附注披露。这些事项可能是正面的，将来企业会收到钱；也可能是负面的，要赔别人钱。但无论是正面或负面，现在都无法知道具体数额，无法录入报表，只能“藏”在这儿披露，最常见的就是正在进行的诉讼。

当然，也有一些公司把实际上能够确定的负面信息故意不记入报表，而是“藏”在这儿披露（附注处在财报相当靠后的位置，马马虎虎的阅读者不等走到这儿，已经犯困了）。因此，仔细阅读附注的投资者，可能在这儿获得部分信息优势。

承诺事项

此处披露公司以及公司大股东对外的合同承诺，包括还没开始执行的和还没有执行完毕的。

对于股份支付、或有事项、承诺事项，贵州茅台 2013 年财报显示为“无”，表示公司 2013 年无相关事宜。

资产负债表日后事项

此处披露财报编制截止日（如年末或季度末）到财报披露日之间发生的一些可能对公司有重大影响的事情。

老唐在前面说过，财报会在年末或季末后一段时间披露，如年度财务报告是汇报截至 12 月 31 日的公司情况，但要求在次年的 4 月 30 日之前披露。因此，在财报截止日和披露日之间，可能发生了某些重要事情，就披露在这个“资产负债表日后事项”里。

这里面的事情也分两种，一种是影响财报数据，也就是说根据期间发生的某事项，财报的某些会计估计需要调整，这部分就直接调整财报了。披露给我们看的，已经是考虑了日后事项影响的数据。另一种是不影响财报数据，只是尊重阅读者的知情权，在此披露周知即可。

如贵州茅台 2013 年财报第 92 页展示的日后事项，披露了 2013 年

12 月 31 日至2014 年3 月21 日（报表披露日）之间发生的董事会分红预案及注销一个子公司的情况，都属于不影响财报数据，仅履行披露义务的信息。

母公司财务报表主要项目解释

这是财报附注中仅次于“合并报表项目解释”的部分，其阅读和使用方法和“合并报表项目解释”完全相同，请读者参照前条即可。

补充资料

补充资料是否够详细，也是企业厚道与否的表现。这部分是企业认为需要特别加以说明的数据和事项，尤其是一些报表中变化比较大的数据，大部分可以在这里找到解释。

以上就是财报附注的组成部分。

对于投资者来说，财报附注应该细读，尤其是“合并报表项目解释”和“母公司财务报表主要项目解释”两部分。但财报附注毕竟是报表的补充说明材料，它并不适合独立阅读。最好的阅读方法是阅读三张大表时，不断地查找附注里的对应解释，当几张表阅读完毕后，再按顺序浏览一遍附注。当你对某公司财报熟悉之后，自然会发现关键数据的所在。

第七章
管理层的汇报

谈完财报最重要的“财务会计报告”部分以后，本章将对剩余部分来个一扫而光。老唐就按财报上的顺序逐一说明，包括“会计数据和财务指标摘要”“董事会报告”和“重要事项”。这三部分中，最需要投资者重视的就是“董事会报告”。

第一节　会计数据和财务指标摘要

这部分超级简单，就是将财报中一些资本市场比较关心的数据单独列出来，放在财报的前面，专供性急的投资者快速浏览，或者方便媒体记者引用。

它的内容分为“近三年主要会计数据和财务指标”和“非经常性损益和金额”两部分。

主要会计数据部分列出了资本市场最关心的营业收入、净利润、扣除非经常性收益后的净利润、经营活动现金流净额、净资产等数据的具体金额和同比增长；主要财务指标部分列出了每股收益和净资产收益率的数据和变化；至于非经常性损益和金额，列出一些偶然所得或损失。

以上数据及相关分析，都已经在财务会计报告部分详细讲过了，此处略过。让我们请出本章的核心部分“董事会报告”吧！

第二节　董事会报告

董事会报告是整份财报中重要性仅次于“财务会计报告”的部分，是管理层给股东的一次全面汇报。

由于各个公司的商业模式不同，董事会报告的侧重点不同，无法统一分析。老唐在这里仅以贵州茅台财报为例，为大家展示如何理解和阅读董事会报告，应该从中挖掘哪些关键数据。至于其他公司，需要各位朋友通过自己对公司的理解，去寻找那些暗藏的智慧和机密。

打开贵州茅台2013年财报，第8—20页就是董事会报告，其整个构成分为五个部分：

一、董事会关于公司报告期内经营情况的讨论与分析

二、董事会关于公司未来发展的讨论与分析

三、董事会对会计师事务所“非标准审计报告”的说明

四、利润分配或资本公积金转增预案

五、积极履行社会责任的工作情况

毫无疑问，前两部分是核心。

经营情况分析与讨论

这部分是董事会向股东汇报经营情况，其实也是由董事会客串企业分析师，帮着我们全面地捋了一遍公司，其可靠性和专业性通常是高于券商研究报告的。这部分投资者一定要细读，因为里面有些分项数据，连财报及财报附注里也没有。

例如，贵州茅台董事会报告一开始的“2013 年度，公司共生产茅台酒及系列产品基酒 52,487.12 吨，同比增长 22.56%”，就透露了公司生产茅台酒及系列酒基酒的数量。如果我们经常跟踪公司信息的话，结合每年 12 月经销商大会前后公司披露的茅台基酒产量（数据见资产负债表中经营资产章节），系列酒的生产情况也就掌握了。

同时，根据茅台基酒储存四年销售，可售商品酒大约为四年前基酒的 75% 左右的特性，我们能够大致估算出当年可售商品酒的数量，从而提前预测公司的大致营业收入及利润情况。说“大致估算”，是因为这些披露在口径上可能有些细微区别。

经营情况讨论和分析又分为四大块：

（一）主营业务分析

（二）行业、产品地区经营分析

（三）资产负债分析

（四）投资状况分析

主营业务分析

在主营业务分析部分，客串分析师的董事们分别从收入、成本、费用、现金流四个角度，对当年经营进行了分析，基本涵盖了投资者关心的各个经营要素。

贵州茅台财报第 8 页的第一张表，先展示了营业收入、营业成本、三费和现金流，具体如下所示：

1. 利润表及现金流量表相关科目变动分析表

单位：元　币种：人民币

科目	本期数	上年同期数	变动比例（%）
营业收入	30,921,801,316.60	26,455,335,152.99	16.88
营业成本	2,193,920,307.99	2,044,306,468.76	7.32
销售费用	1,858,132,722.71	1,224,553,444.02	51.74
管理费用	2,834,740,716.00	2,204,190,581.13	28.61
财务费用	-429,074,364.68	-420,975,922.49	不适用
经营活动产生的现金流量净额	12,655,024,861.92	11,921,310,609.25	6.15
投资活动产生的现金流量净额	-5,339,311,399.95	-4,199,476,298.27	不适用
筹资活动产生的现金流量净额	-7,385,971,074.47	-3,914,524,622.85	不适用
研发支出	647,263,302.00	632,307,654.00	2.37

注：相关数据同比发生变动 30% 以上的原因说明见年报全文“第十节　财务会计报告　十四、补充资料（三）公司主要会计报表项目的异常情况及原因的说明”。

由上表可以发现，利润表重点数据，营业收入、营业利润率和费用率都有了，还给出了企业三大类活动的现金流净额，方便各位迅速给企业画出现金流肖像。

收入部分披露了企业的产、销、存以及渠道集中度情况，具体如下所示：

2. 收入

（1）以实物销售为主的公司产品收入影响因素分析

单位：吨

行业分类	项目	本期数	上年同期数	同比增减（%）
酒类销售	销售量	25,177.99	25,715.75	-2.09
	生产量	26,033.64	24,299.00	7.14
	库存量	8,299.79	7,444.14	11.49

注：本表销售量、生产量及库存量均指成品酒。

（2）主要销售客户的情况

前五名客户合计销售金额（单位：万元）	160，806.03
前五名客户合计销售金额占年度销售总额比例（%）	5.20

库存量数据是投资者关心的焦点数据之一。库存的增减，或者反映了管理层对市场的预判和实际情况的差异，或者隐藏着公司对收入确认的微调。具体到贵州茅台，这个数据是最近三年才增加的，需要投资者持续关注和积累数据。

老唐要提醒大家一点，这个表里的产、销、存都是指成品酒，是包装车间包装完成的酒。它可能在上市公司仓库里，可能在销售公司仓库里，可能在运输途中，可能在全国九大中转库，可能在一两千家自营店的货架上，也可能已经进了经销商的仓库。

正因为此，这个数据应该大致稳定，波动在两三周的销量以内属于正常（茅台及其系列酒按照年销量折算，每周销量约 500 吨左右）。它对应的是“存货”（财报第 71 页）的“库存商品”。

1. 存货分类

项目	期末数			期初数		
	账面余额	跌价准备	账面价值	账面余额	跌价准备	账面价值
原材料	1,556,877,386.03		1,556,877,386.03	1,248,734,650.90		1,248,734,650.90
在产品	991,102,492.16	1,283,984.83	989,818,507.33	1,295,554,528.96	1,283,984.83	1,294,270,544.13
库存商品	713,532,808.42		713,532,808.42	730,078,328.46		730,078,328.46
自制半成品	8,576,581,537.25		8,576,581,537.25	6,392,644,069.93		6,392,644,069.93
合计	11,838,094,223.86	1,283,984.83	11,836,810,239.03	9,667,011,578.25	1,283,984.83	9,665,727,593.42

实践中，常见某些媒体记者或撰稿人，用存货总值中的在产品或自制半成品来分析企业动销，从而得出茅台“存货大量积压”的结论，实在是失之毫厘，谬以千里。老唐既感叹其无知，也佩服其勇气。前面说过了，自制半成品和在产品对于茅台而言，那是把5斤粮食变成一斤酒，是点石成金的过程。只要出厂价远高于成本，存货是越多越好。茅台公司上下整日里挖空心思，尽最大努力就是为了追求在产品和自制半成品的“积压”。

余下的其他部分里，财报第9页的成本表中直接材料成本，可以在分析营收增长原因（主要是量的增长，还是价格的提升）时，起到部分参考作用。

费用部分，主要是看费用率或者费用绝对数有没有异常变化。单独列报的研发费用，是财务报告所没有披露的内容。关于研发费用以及研发费用的会计处理应该如何看待的问题，可以参看“资产负债表”中“生产相关资产”章节，和“利润表”中“速读利润表”章节。

现金流部分，是主要数据摘录，没有新鲜内容。

行业、产品或地区经营情况分析

这部分主要是分产品和分地区披露了公司的销售情况。我们要关注的内容，主要是各分类产品的增长或衰退、毛利率的变化情况以及传统销售区域是否有稳定的增长，新的消费区域开拓是否顺利等。

资产负债分析

该部分主要是罗列了资产负债表的主要科目、敏感科目以及变化较大的科目。主要科目是占比比较大的科目，如贵州茅台财报第11页中，主要科目包括货币资金、存货、固定和无形资产，这几项加起来就已经占茅台总资产的88.6%；敏感科目则主要指应收应付类；变化较大的科目，各个公司各有不同。读者关心一下这几类科目的变化及其原因，可以对资产负债表有个轮廓上的了解。

投资状况分析

投资状况分析对投资者来说绝对是个宝藏。老唐在现金流量表部分谈过，企业未来是否能有增长，取决于企业今天的投资。所以未来的成长股，一般是当前投资活动现金流量净额为负的企业。这个投资状况分析板块，负责完整地向股东汇报企业项目投资情况。贵州茅台这部分由 5 个小部分构成，具体如下所示：

1. 对外股权投资总体分析；
2. 非金融类公司委托理财及衍生品投资的情况；
3. 募集资金使用情况；
4. 主要子公司、参股公司分析；
5. 非募集资金项目情况。

其中，最重要的是“募集资金使用情况”和“非募集资金项目情况”。前者交代了企业 IPO 时向股东伸手要钱的项目，企业有没有收到钱就变脸；后者则展示了企业最近项目的投向。其他三项投资者只需要注意是否有异常即可。

在募集资金使用情况里，投资者要重点关注“募集项目变更情况表”（茅台财报第 13 页），观察项目变更原因，究竟是与时俱进的变化，还是收钱变脸的无赖行为，这可以帮助我们认识管理团队的品性。同时，投资者要关注计划投资金额和最终的实际投资金额，若差异太大，可能需要我们对管理层的管理能力和专业能力打个折扣。

由于募集资金项目是上市后每年都需要披露进度的，因而从“情况说明”的具体数字，我们能够很轻易地得到每一个项目每年的生产情况。例如，贵州茅台财报第15页显示：“项目2：收购习酒公司酱香型资产及配套技改项目……累计共生产系列酒基酒23,020.00吨、制曲58,899.00吨。”投资者可以通过和2012年财报同一位置“项目2：收购习酒公司酱香型资产及配套技改项目……累计共生产基酒19,859.04吨、制曲50,583.00吨”的表述对比，获得该项目2013年生产基酒23020－19859.04＝3160.96吨，制曲8316吨的结论。

对茅台公司的结构稍有了解，会知道这个项目就是目前茅台王子酒的产能。这样逐年往前推，就可以知道每一年王子酒的准确产量。如果继续琢磨这些数字，你还能发现一些其他信息，如8316÷3160.96＝2.6，说明王子酒和茅台酒的生产要求基本是一致的，都是一斤酒需要2.6斤小麦所制的酒曲。从而证明王子酒和茅台酒的酒质区别不是由于原料或工艺造成的，而是其他原因（可能由于地理位置不同，王子酒生产线位于习水县）。这些和财报关系不大，此处不再细谈了。

情况说明里的其他各条，都可以用同样的方法，一直上溯到公司2001年IPO时的招股说明书。通过这样的剖析，阅读者能够通过对微观细节的观察，加深对行业和企业的理解，从财报枯燥的数字后面，看见生动具体的企业活动。

上市比较早的企业，除了募集资金项目之外，还会有非募集资金项目需要披露。募集资金和非募集资金项目，加上招股说明书披露的企业上市前的产能，构成茅台的全部产能。熟悉这部分，我们才能以尽可能小的误差去预测企业未来的经营情况。

非募集项目，除了企业在这里的披露以外，阅读者还可以通过搜索“在建工程”，找到企业还没有彻底完工的在建项目细节。如茅台财报的第73页和第74页，披露企业资金主要投向以及建设进度。每年持续关注这部分，可以使我们对新增产能和市场压力等因素做到胸中有数。

董事会关于公司未来发展的讨论与分析

这部分内容，容易被看成是务虚，是套话，而且文字密密麻麻一大堆，还常常伴有官方的口号，很多投资人会觉得没意思，直接跳过了。

其实这里有宝藏，最大的一块宝藏。

投资企业，是投资它的未来。所以，这个企业的掌舵人，如何看待企业在市场竞争中的优劣势，如何看待行业的前景，准备如何开展商业活动等，无疑都是投资者必须关心的内容。董事会就在这个章节与股东分享对企业及市场的展望。

这部分内容，容易被市场关注的是经营目标部分。如贵州茅台财报第19页的内容："（三）经营计划　根据行业现状、市场形势和公司的发展战略，预计公司2014年度实现营业收入较上年同期增长3%左右。"

容易被人忽略的，是董事会给企业做的SWOT分析。SWOT分析法，又称为"优劣势分析法"，用来确定企业自身的竞争优势（strength）、竞争劣势（weakness）、机会（opportunity）和威胁（threat），从而将公司的战略与公司内部资源、外部环境有机地结合起来。这是在"波特五力模型"（1980年迈克尔·波特在《竞争战略》一书中提出）的基础上衍生出的分析模型。杜邦分析体系、波特五力模型、SWOT分析模型，几乎是所有企业分析都会用到的工具，不属于本书讨论范围，但老唐建议读者朋友们深入学习。

董事会在这一段中，谈到了企业的优势、劣势、机会和威胁，非常重要。但岁岁年年话相似，容易被阅读者忽略。能否从相似的话语中，发现管理层对市场看法的变化，不但是考验投资者的能力，更是考验细心程度。要想发现宝藏，不仅要纵向看企业今年与往年有何不同，还要看企业和竞争对手的表述有何不同。

下面老唐就以白酒行业为例，告诉你如何发现文字中的奥秘。

现在我们已经知道，白酒行业的寒冬，是从 2012 年四季度开始的，在这之前，是白酒业的黄金十年。逻辑上，2012 年初管理层是否预见到市场转折，能够代表他们的专业水准和企业家才能。我们可以通过观察 2012 年 4 月 11 日发布的 2011 年财报“管理层对未来的看法”，看他们究竟有没有预见到半年后出现的市场危机；再对比同时期竞争对手的看法，看他们是否比同行看得更高更远；也可以对比更早的财报，看看管理层是年年重复撞上的，还是准确把握住了转折点。

通过这样的对比，你能够知道你所关注企业的管理层是否专业，是否值得尊重，企业因该管理层，在价值评估时是该加分还是减分。

先看 2012 年 4 月 11 日披露的贵州茅台 2011 年度财务报告董事会报告的未来展望部分，原文摘录如下：

随着国内各大白酒企业纷纷推出高档白酒产品并加大推广力度，以及政策面对高档白酒的影响，高档白酒市场的竞争将可能会更加激烈。

近年来，白酒行业处于持续上升阶段，产销量、销售收入快速提升，行业盈利能力持续增强。2011 年，白酒行业产量突破 1,000 万千升，行业销售收入突破 3,000 亿元，利润等指标再创历史新高。许多白酒企业开始大规模扩产，很多省市都出现了由政府主导的白酒工业园区，从长远来看白酒产能会供大于求，白酒行业将会经历从竞争淘汰、整合规范到相对集中的过程。

白酒行业竞争将更加白热化。当前，我国白酒行业在产能规模、产品数量、品牌种类、生产厂家等方面，出现严重过剩、过多、过杂、过乱的现象，各类资本竞相进入白酒行业，行业泡沫风险加大，行业竞争更加激烈，从小企业到大企业，从地方政府主导的白酒产业园到区域化品牌全国性扩张，全国白酒进入了新一轮产能扩张期，加剧行业产能泡沫风险和竞争激烈程度，未来白酒市场在价格、品牌、渠道、消费群体、资本结构等方面将会有较大的变动，中国白酒行业可能会出现重新洗牌的格局。

影响白酒行业发展的政策性因素在增加。

从上述文字，我们看见的是什么？是危机感十足。那么这究竟是行业共识，还是只有茅台公司董事会这么看呢？这时，我们需要去看看同行们的看法。

五粮液2011年财报

（一）所处行业现状、发展趋势及竞争格局

1. 市场竞争激烈，行业集中度低，高端白酒集中度却较高

白酒行业的市场集中度很低，尽管近年有所变化，但是目前全国白酒生产仍有约2万家企业，而销量前四强酒企的市场份额却不足5%。高端白酒的市场集中度却较高，前几强酒企以其高品牌知名度、较强的市场营销能力和消费者忠诚度占据了市场的主要份额。以川酒为代表的浓香型白酒依然占据市场主导地位。

2. 收入水平提高、消费水平增长，行业发展前景依然看好

近年，随着我国城镇化率和城乡居民收入水平的不断提高，消费

水平快速增长，消费结构已开始转型和升级，从饮用散酒向饮用瓶装酒、从饮用非知名品牌向理性选择知名品牌过渡的趋势日益明显，行业前景依然看好。

泸州老窖2011年财报

公司未来发展展望

（一）公司所处行业的发展趋势及面临的市场竞争格局

2011年，白酒业持续稳定增长，高端市场依然景气，中端产品增长迅猛，整个市场潜力巨大。随着白酒产业逐步的规模化、全国化、消费者消费理念的日趋成熟化，白酒业未来将逐步向品牌酒原产地集中，原产地概念将慢慢深入人心。

白酒行业因生产的高度离散型，低门槛导致业内企业数量庞大。同时，国外及业外的资本对白酒行业高度繁荣的觊觎、国家政策的未知变化、白酒消费文化的升级等都对2012年白酒企业提出了新的挑战。但伴随着行业分化的进一步加剧，品牌差距的持续扩大，预计未来几年白酒行业将逐步走出“战国时代”。

（二）公司未来发展的机遇与挑战以及公司战略发展规划

公司未来的发展面临较大的竞争压力，这主要表现在：一是公司和行业龙头企业在经营实力、品牌竞争力等方面仍有一定差距，部分行业对手的飞速发展给公司带来较大的竞争压力；二是国家政策的未知变动对白酒行业的影响；三是内部中高端人才的缺失对公司发展的制约。

洋河股份2011年财报

公司未来发展的机遇与挑战

（1）公司未来发展机遇

宏观经济的持续稳步发展，白酒行业的持续稳定增长，为公司发展提供了良好的外部环境。目前公司面临三大发展机遇：一是消费市场扩容升级。我国居民收入水平不断提高，消费升级，使市场容量不断扩大、消费档次不断提升，给我们提供了很大的发展机遇和空间。

二是规模协同效应显现。集团管控体系正式构建，引入科学先进管理理念，实现集团内部各种资源的协同共享，优化配置，企业规模化协同效应显现。

三是增长势能正在释放。2011年，公司强化推进市场全国化工程，通过打造大样板和打造亿元区，实现一线城市出现了拐点放量，拐点就是企业发展上升通道的一个转折点，一旦打通转折点、走过转折点，前面就是一个平坦大道。目前，公司许多一线市场出现拐点放量，企业的增长势能正在逐步释放。

（2）面临的挑战和竞争

综合分析2012年经营中存在的不确定因素和挑战，主要是三个方面：一是宏观经济走向不明。目前，宏观形势出现了变化，中国经济全面走入转型升级期，转型是否顺利，关系未来经济能否维持持续快速增长。宏观经济形势的发展将会对白酒消费产生影响，尤其是对高端白酒消费产生冲击。

二是行业竞争逐步升级。中国白酒行业的竞争，从小企业到大企业，从错位到同位，从产品到资本，市场竞争更趋激烈，白酒行业全面进入寡头竞争时代。

三是要素资源匹配不足。虽然近几年企业持续快速发展，主要经济指标大幅攀升，行业地位不断提升。但与茅台、五粮液等行业龙头企业相比，公司在企业规模、经营实力、品牌影响力和市场网络构建等方面还存在一定差距。

通过白酒业四大巨头在行业巨变的前夜发的“帖子”，你看见了什么？老唐看见：

茅台管理层使用了“高档白酒市场的竞争将可能会更加激烈……白酒产能会供大于求……白酒行业竞争将更加白热化。……加剧行业产能泡沫风险和竞争激烈程度，未来白酒市场在价格、品牌、渠道、消费群体、资本结构等方面将会有较大的变动，中国白酒行业可能会出现重新洗牌的格局……影响白酒行业发展的政策性因素在增加”这样的表述，突显管理层危机感十足。

共同站在行业巨变的前夜，同行们则表现出了轻重不一的乐观情绪。

五粮液的管理层：“高端白酒的市场集中度却较高，前几强酒企以其高品牌知名度、较强的市场营销能力和消费者忠诚度占据了市场的主要份额。以川酒为代表的浓香型白酒依然占据市场主导地位……行业前景依然看好。”通俗点，就是在说，俺们占据市场主导地位，行业前景依然看好。

泸州老窖管理层：“市场潜力巨大……白酒业未来将逐步向品牌酒原产地集中，原产地概念将慢慢深入人心……预计未来几年白酒行业将逐步走出‘战国时代’。竞争压力主要表现在：一是公司和行业龙头企业在经营实力、品牌竞争力等方面仍有一定差距……二是国家政策的未知变动对白酒行业的影响；三是内部中高端人才的缺失对公司发展的制约。”这相当于告诉投资者，市场潜力巨大，原产地概念将深入人心，但我们的实力和竞争力还不足以挑战龙头，人才不够用啊！

洋河管理层：“公司面临三大发展机遇：一是消费市场扩容升级……企业的增长势能正在逐步释放……面临的挑战和竞争主要是三个方面：一是宏观经济走向不明。二是行业竞争逐步升级。三是公司在企业规模、经营实力、品牌影响力和市场网络构建等方面还存在一定差距。”简而言之，就是消费市场扩容，企业增长态势良好，挑战主要是宏观状况不明，企业规模、实力、影响力等和茅台、五粮液还有差距。

对比过这几段文字，估计各位读者应该已经明白为何2012年至2014年茅台的市场经营一枝独秀了吧。看见危机，才会未雨绸缪，而那些立于悬崖而不自知的管理层，在危机突然降临的时候，自然会手忙脚乱。

和同行对比过后，我们还需要观察，是公司管理层一贯悲观，恰好撞上转折，还是就在转折点预判了潜在危机。只需要对比前一年公司管理层的表述，便能得出答案。

贵州茅台2011年4月9日发布的2010年财报，在董事会报告中这么说道：

经济的快速发展带来的白酒业的全面升级，消费高档酒的人越来越多，喝高档酒已成为消费趋势。2010年以来，各行各业的产品价格都在不断攀升，白酒行业更是首当其冲，高端白酒市场价格呈跳跃式上升，企业间的竞争也在加剧。

（2）未来发展机遇和挑战

纵观国内外经济形势和行业发展趋势……对于茅台而言，在当前和今后一个时期，公司发展仍处于可以大有作为的重要战略机遇期，机遇和挑战并存，我们有着以下有利条件和发展机遇：

一、政策方面，国家西部大开发战略进入新的历史阶段，贵州省委、省政府提出了大力实施工业强省和城镇化带动战略，《贵州省政府工作报告》中提出要加快以茅台酒为龙头的优质白酒基地建设，为国酒茅台发展创造了稳定的外部环境和广阔空间。

二、随着“十二五”期间产业政策调整、市场准入、流通管理等方面的政策、法律逐渐完善，白酒市场将更加规范，名优企业将受到进一步保护；国家经济的发展、扩大内需政策的强力推进、消费结构和产业结构不断优化所带来的消费升级将会给公司提供更广阔的市场空间。

三、茅台自身多年的发展奠定了坚实基础。十二年的跨越式发展使我们积累了许多宝贵经验，公司机制改革、经济结构和产品结构不断得到改善和升级，企业竞争力、资源掌控力和抗风险能力显著增强，发展思路、战略着力点更加清晰，公司全体员工干大事、谋发展的热情不断高涨，为我们实现新跨越注入了强劲动力。

呵呵，读完这些，应该不需要老唐解释了吧！

董事会报告重要吗？太重要了！

还觉得它是套话，是务虚吗？如果你跳过了这部分，你可能就真的输在了起跑线上！认真读、仔细读，把几年的连起来读，把同行的拿来对比读，从中找分歧、找可信度、找真专家。

最后，让我们摘录贵州茅台 2013 年财报的相关表述，让历史检验董事会的高级分析师们是否继续看对了市场。

1. 宏观环境和行业环境

1）从国际形势看，世界经济复苏存在不稳定、不确定因素，一些国家宏观政策的调整带来变数，新兴经济体又面临新的困难和挑战，世界经济复苏艰难。

2）从国内形势看，我国经济结构和产业结构的调整压力很大，正处于结构调整阵痛期、增长速度换挡期，经济下行压力依然较大。

3）从政策方面看，对酒类产品尤其高端产品的消费限制性政策态势将常态化和制度化。

4）从行业发展看，目前行业仍处于深度调整中，复苏时点难以把握，行业未来将会是挤压式“缓增长”阶段，即使有所恢复，也难以再现高增长，预计 2014 年将是白酒行业发展更加困难的一年。

2. 公司面临的机遇

1）外部环境趋于改善……

2）国家经济基本面依然较好……

3）全面深化改革为经济注入强大活力……

4）从白酒行业看，经过此次调整，行业集中度进一步提高，产业结构更加合理，行业发展回归理性，将进入良性且更加健康的增长轨道，这将更有利于拥有品牌力和营销能力的名优企业的可持续增长。

5）从消费需求看，消费者的消费水平不断提高、消费市场的规模持续扩大，中产阶级群体不断扩大，将促进以商务消费、私人消费为需求的中、高档名酒的消费。

6）白酒行业是中国传统行业，发展至今有四个没有变：一是白酒作为国人情感交流的载体没有变；二是白酒作为中华民族文化符号之一没有变；三是白酒作为国人偏爱的消费品没有变；四是国人消费白酒的传统风俗习惯和文化习惯没有变。

其他部分

董事会报告的核心内容是经营情况和未来发展，这两部分看完后，剩余的三大块粗略看一下即可。它们是：

三、董事会对会计师事务所“非标准审计报告”的说明

四、利润分配或资本公积金转增预案

五、积极履行社会责任的工作情况

若是“三”中显示为非标意见报表，你应该已经将其丢在垃圾堆了，不会看到这儿来。

利润分配或资本公积转增预案，重要提示部分已经读过了，这里只是将过去三年的整理了一遍，粗略看一眼足矣。

社会责任嘛，既要做，也要按照税法要求做。既要尽到社会责任，也要用够国家的鼓励政策，别让股东吃亏。

第三节　重要事项

紧随董事会报告之后的是重要事项，位于贵州茅台 2013 年财报的第 21—25 页，是按规则要求的格式化披露，主要包括 11 项内容：

一、重大诉讼、仲裁和媒体普遍质疑的事项

二、报告期内资金被占用情况及清欠进展情况

三、破产重整相关事项

四、资产交易、企业合并事项

五、公司股权激励情况及其影响

六、重大关联交易

七、重大合同及其履行情况

八、承诺事项履行情况

九、聘任、解聘会计师事务所情况

十、上市公司及其董事、监事、高级管理人员、持有 5% 以上股份的股东、实际控制人、收购人处罚及整改情况

十一、其他重大事项的说明

以上内容的意思和各小段标题一样直白，无须额外解释。它将财务会计报告中重要事项归类提醒。投资者要做的，就是认真读一遍，看是否有重大事项会影响你对公司的价值判断。

老唐要特别提醒投资者，改聘会计师事务所的企业，一般要格外警惕，很有可能是由于双方对财报分歧太大，而会计师又不愿妥协，因此被解聘。改聘其他会计师，往往是财报有问题的先兆之一。这将是本书的下一章，也是最后一章的主题。下一章里，老唐将丢开茅台财报，和读者朋友们谈谈上市公司常见的财报操纵手法，以及操纵在财报上留下的造假痕迹。

第八章

欺诈与反欺诈

哪里有诱惑，哪里就会有欺诈。资本市场充满诱惑，操纵财报乃至造假屡见不鲜。即便是相对成熟的欧美资本市场，同样难以避免。在中国的资本市场，由于上市公司造假面临的法律惩罚轻微到荒诞的地步，而投资者事后获取赔偿又艰难地令人望而生畏，因而操纵财报及财报造假的比例显著高于欧美成熟市场。

中国股市财报操纵或造假，大部分目的是为了再融资或者获取贷款，其路线大致可以概括为：美化财报——提升股价——增发或配股——现金到手——信用等级上升——获得更多贷款——继续美化财报。

理论上，如果骗来的钱能够投入高效产业运营中去，游戏就可以持续玩下去。当年唐氏兄弟的德隆帝国打的就是这个最终洗白的算盘。不幸的是，上帝似乎很公平，资本运营的高手，经营实业的水平都比他们自己想象的要低。

大部分财报操纵或造假活动，如果不是内部人士或者接触原始凭证的人，单凭财报数据是很难确认事实的。好在投资者不是执法者。执法者需要证据确凿，疑罪从无；投资者却可以有疑就杀。

本章介绍上市公司常用的财报操纵手法，以及他们可能在财报上留下的痕迹。

第一节　常见的操纵财报手法

上市公司操纵财务报表，绝大部分集中在利润表，主要是美化利润表，也有小部分是美化现金流量表。

从“资产＝负债＋所有者权益＋收入－费用”会计恒等式出发，操纵利润，无非就是操纵收入和费用，并由此引发资产和负债的变动。而美化现金流量表则主要因为资本市场更在意经营活动现金流。下面老唐就从操纵收入、操纵费用和操纵现金流三个方面来聊聊主要的操纵财报手法。

操纵收入

收入是利润的源头。操纵收入也是上市公司操纵利润的主要表现形式。对上市公司而言，操纵收入主要表现为虚增收入，少数表现为虚减收入。主要操作手法有虚构收入、借助一次性行为夸大收入和提前确认收入。

虚构收入

在这种情况下，交易的实质是虚构的，是没有必要发生的。比较常见的有虚假交易、虚增成交金额、将非营利性交易确认为收入、显失公平的关联交易等。虚构收入是A股市场最主要、最常见的造假手法。

（1）某上市公司L造假曝光，其上市前和上市后先后以注册和购买的方式成立了35家秘密控制的空壳公司，进行收入虚增，手法主要是虚假交易。拿其中一家空壳公司M举例：M公司以100元/亩的价格购买山民1.22万亩林地，总价100余万元。然后按照9000元/亩的价格卖给L公司，总价约1.1亿元，虚增公司资产约1.1亿元。M公司将收到的1.1亿元，分转给另外几家公司，由它们从L公司完成采购，形成L公司的营业收入。

（2）另一家上市公司X则擅长半真半假，主要以虚增成交金额为主。将虚假收入化整为零，分散到大量真实客户名下，做高单价和数量，但每位客户虚增金额不大。而后X公司通过在建工程预付款、原材料采购款及补贴款等名义，将款项返回给客户。

（3）仍然是这家X公司，将当地政府给上市公司的部分政策补助，也通过虚假合同化妆成销售收入流入公司，完成将非营利性交易确认为营业收入的过程。

（4）上市公司G则以包销控股股东旗下另一家房产公司的房产为利润主要来源。实际上并不需要干任何事情，只是房产销售的时候，象征性地从G公司走账一次，便产生商品房销售金额的25%为毛利。这一类行为属于典型的显失公平关联交易。

借助一次性行为夸大收入

常见的有将出售业务部门或资产所得转化为营业收入；将收购支

出转化为营业收入；将亏损打包进一个公司或部门，然后出售掩盖亏损；进行互换贸易夸大收入等。

（1）将出售业务部门或资产所得转化为营业收入，常见的手法是将业务部门或资产低价出售，然后由买家将成交价与公允价格之间的差额，用于购买上市公司产品或服务，以增加上市公司当期营业收入。或者买家不是购买上市公司产品或服务，而是低价向上市公司提供产品或服务（如资产返租给上市公司），降低上市公司当期或后期营业成本。

（2）上述手法也可以反过来，将上市公司的收购支出转化为营业收入。上市公司高价收购或者承诺高价收购其他公司的业务部门或资产。卖家将超过公允价格的部分，用来采购上市公司产品或服务，增加上市公司当期营业收入。或卖家不是购买上市公司产品或服务，而是低价向上市公司提供商品或服务，降低上市公司当期或后期营业成本。

（3）将经营亏损打包进一个公司或业务部门，高价出售掩盖亏损。通过内部资源安排，将上市公司日常经营亏损或坏账损失，集中在其中某一个子公司或某个业务部门里。然后在适当时候，将该子公司高价出售即可掩盖经营亏损，美化当年利润表。当然，买家也不是傻子，其在购买亏损子公司上付出的高价，上市公司会通过其他途径予以弥补，如借款、担保、项目合作、并购费用、咨询费用等，或者干脆出资收购买家的其他项目。

（4）互换贸易。上市公司高价出售商品或服务的同时，高价采购对方的商品或服务。最好的状态是对方的商品或服务可以和自己的投资项目扯上关系。这样，既产生了营业收入，也产生了投资现金流流出，同时还给对方公司创造了营业收入。

除了商品或服务互换以外，还可能有一些非实物的权利互换，如涉及影视频版权的互换，不同的视频类公司相互让渡影视作品的使用权，但同时自身仍保留相应版权的所有权和使用权。将这种互换分别确认为销售和购买，达到增加营业收入的效果。

提前确认收入

通常表现为确认尚未开始提供产品或服务的收入、在买家没有明确承担付款义务时确认收入以及确认超过完工百分比对应的收入。

（1）确认尚未开始提供产品或服务的收入。如以优惠价格要求客户一次性购买多年的服务，然后将总金额确认在当年的营业收入里；或者年底前签订合同收款，在合同约定义务尚未开始履行的情况下，将合同款项确认为当年收入；再或者房地产上市公司以工程完工验收、收到房款确认收入（一般是交房确认收入）等。

（2）买家没有明确承担付款义务时确认收入。这种行为最常见的是向客户发出错误的货；向没有要求发货的客户发货；答应客户可以无条件退货的情况下，在退货期限内确认收入；或者向根本没有付款能力的客户大幅延长信用期的情况下发货。

（3）确认超过完工百分比对应的收入。对于使用完工百分比法的公司，如建筑公司、装饰公司、系统集成公司、大型设备制造公司等，确认超过实际完工的收入是很容易的；而有些销售商品并捆绑服务的公司，如自行研制的软硬件销售，并约定提供免费维护或免费升级服务，通过将较大比例销售收入分配给销售，将较少比例销售收入分配给后期维护，也可以大幅增加当期营业收入。

提前确认收入（少数情况下，也有推后确认收入的）是很多上市公司喜欢用的利润调节手法。不能完全算造假，是介于合法与非法之间的一种灰色状态。

操纵费用

利润 = 收入 - 费用。因此，通过调整当期费用的多寡，达到操纵利润表的目的，也是上市公司的常见手法之一。当然，由于调整费用受限制较多，可调整幅度有限，使用起来不如操纵收入那么自由，对财报的调节显得相对“温柔”。

上市公司财报的费用调节，主要表现为虚减费用，较少表现为虚增费用。虚减费用的常用手法为：将本期费用推迟至未来、掩盖成本或亏损。虚增费用，俗称“洗大澡”，常用手法有注销资产或存货、大额计提减值损失、将经常性费用归入一次性费用计提等。

将本期费用推至未来

主要手法有：延长折旧摊销年限；漠视已经形成损失的坏账；不适当地使用费用资本化手段；不对受损资产或过时存货提取减值准备；将费用暂时挂在应收账款或预付账款科目；推迟在建工程转为固定资产，甚至将日常费用计入在建工程；通过临时资金冲抵，将长时间坏账化妆成刚形成的应收款，从而降低坏账计提比例等。

这些手法简单粗暴，老唐在资产负债表章节基本都已经谈过，此处不再赘述。

掩盖成本或亏损

掩盖成本或亏损，主要表现为多计收入，少计原材料成本，少计财务费用，少计销、管费用等。多计收入在操纵收入环节谈过，而少计成本和费用，常常是多计收入的伴生操纵手段，例如：

（1）上市公司 Z，通过不计入对外拆借资金的利息，少计财务费用，增加当期利润。

（2）上市公司 K，因销售过程中支付的回扣提成无法取得发票，遂按照预付款挂账。后用公司其他款项打回公司，做预付款收回处理，从而减少销售费用，增加当期利润。

（3）上市公司 S，2011 年和 2012 年通过少计原材料成本近 1 亿元，虚增利润 7000 多万元，使报表利润超过真实利润的 3 倍有余。少计原材料成本，比较常见的手法，是将价格不同的原材料定为不同的名称，从而规避存货出库的会计政策约束，达到先计算低成本原材料，降低当期营业成本的目的。

（4）除了账目上多计收入或少计费用以外，还有前面谈过的，将公司众多子公司亏损及坏账集中在一家子公司里，将其打包出售，从而掩盖亏损。这种手法，老唐认为代表者应该是中国央行和财政部，因为他们创造了“资产管理公司”收购银行坏账的模式。

洗大澡

上市公司利用财务技巧，有意将公司经营及资产情况恶化。通常的手法表现为注销资产或存货，以减低未来折旧或增加未来盘盈；大额计提应收账款或存货减值损失，以便于未来转回；将经常性费用归入一次性费用计提以减少未来费用等。其中又有两种动机：一种是为了“毁尸灭迹”，把以前虚增的利润冲掉；另一种是为了未来报表好看。

（1）前者按需要发生。上文提到的上市公司 Z，就创造性地利用这种手法，让自己盈利一年、亏损一年，如此重复。不断扭亏为盈，不断“毁尸灭迹”。既规避了因连续亏损而被打成 ST 股的命运，又避免了虚假数字太高而穿帮，堪称一绝。

（2）后者通常发生在公司被并购之后或管理层更替之时。新管理层倾向于把公司业绩做差，把责任推给前任（我的前任是极品）。而后轻装上阵，彰显自己的战绩辉煌、能力出众。也有在公司遭遇经营困境时，现任管理层回天无力，索性破罐子破摔，把已经不好的业绩做得更差，博取来年的增长。

（3）还有另外两种相对少见的有趣作法，列出来博朋友们一乐。一种是源自网络的段子，上市公司控股股东（有时主角是庄家）人品高尚，绝不占上市公司便宜。和上市公司高管吃饭，他一定要抢着掏腰包埋单。有人询问原因，股东（或庄家）说：帮助上市公司承担1元费用，表现在股市上就会多数十元（取决于市盈率）市值，对于股东（或庄家）而言，带来的就是对应持股比例的市值增长。因此，主动帮助上市公司埋单，不仅有面子，也有利可图。虽是段子，但大股东或利益关联人帮助或变相帮助上市公司承担费用，却是实实在在存在的事儿。

另一种就更少见些了，叫它“自污”吧。是上市公司主动承认自己以前的财报有问题。如使用了不恰当的会计政策或会计估计，或者干脆就承认是会计差错，现在需要追溯调整以往的报表。在这个过程里，公司会把部分需要计入当期的费用，以认错改错的形式，调整到以前的会计年度里。

操纵现金流

由于资本市场投资者更重视经营活动现金流，因而上市公司操纵现金流的主要目的就是美化经营活动现金流。

美化经营活动现金流，既可以依赖增加经营活动现金流入，也可以依赖减少经营活动现金流出，还可以运用一次性行为，综合增加经营活动现金流入或减少经营活动现金流出。

增加经营活动现金流入

上市公司将投资或筹资活动的现金流入，转化为经营活动现金流入，常见手法有：

（1）投资活动现金流出，收购一家公司，获得收购对象的经营性现金流入。尤其是收购完成前，有意让收购对象付清应付款并制造应收款（让客户暂缓付款）。收购完成后，买来的应收款就能变成经营活动现金流入。

（2）上市公司出售子公司或业务部门，作价的总款项分为首付款和未来的收入分账两部分。收入分账部分，未来计入上市公司的经营活动现金流入，就可以将投资活动现金流入转化为经营活动现金流入。

（3）上市公司出售子公司或业务部门时，剥离并保留应收账款。待应收账款收回时，产生经营活动现金流入。

（4）上市公司套用买入返售金融资产的思路，将以存货抵押借款的行为，转化为先销售给出借方（如银行或财务公司）到期加价回购的行为，创造了本期经营活动现金流入。

（5）前面谈互换贸易时举过的例子，你买我的产品，我买你的设备。购买设备计入投资活动现金流出，产品销售作为经营活动现金流入。

（6）你买我产品，我帮你贷款。上市公司为客户担保融资。某公司大额存款失踪奇案，背后很可能就潜伏着这样的行为。上市公司以银行存款替客户担保，客户拿到钱后部分或全部购买上市公司产品。其实质是将公司的投资活动现金流出，转化为经营活动现金流入。

减少经营活动现金流出

将经营活动现金流出转化为投资或筹资活动现金流出，常见手法有：

（1）将某些经营活动现金支出，归入投资活动或筹资活动现金支出，减少经营性现金流出。如购买电影电视节目版权、租入网络带宽、以融资租赁代替租赁等。

（2）以承兑汇票采购，减少当期经营活动现金流出。并顺带在到期偿还的时候，记录为债务偿还，归入筹资活动现金流出。

一次性行为美化经营活动现金流净额

通过无法持续的一次性行为，美化当期经营活动现金流，常见的手法有：

（1）通过银行保理业务打折出售应收款，甚至伪造应收款出售并承担连带还款责任，从而夸大当期经营活动现金流入。

（2）给出高额折扣，刺激客户或在账期未到前，付清应收款；或提前付款采购，增加当期经营活动现金流入。

（3）拖欠供货商货款或减少正常采购，以增加当期经营活动现金流量净额。

以上大致就是上市公司常用的一些操纵财报手法。正如本书一开始谈到的三个案例，从20世纪到今天，手法变化并不大。正所谓阳光之下无新事，操纵财报千变万化，不过是收入、费用和现金流。虽然确认和定罪很难，但怀疑却不难。作为投资者，要做的是对存在疑点的企业保持警惕。

在对财报的识假辨假上，监管机构才是久经沙场的真高手。证监会曾在2012年底发布过《关于做好首次公开发行股票公司2012年度财务报告专项检查工作的通知》。通知中，明确指出了当前上市公司最可能出现问题的地方，提醒各保荐机构和会计师事务所进行核查。这部分专家意见，老唐认为值得学习，放在知识链接里供大家参考。

知识链接：关于做好首次公开发行股票公司 2012 年度财务报告专项检查工作的通知

发行监管函［2012］551 号

各保荐机构、会计师事务所：

……下列事项应予以重点核查：

（1）以自我交易的方式实现收入、利润的虚假增长。即首先通过虚构交易（例如，支付往来款项、购买原材料等）将大额资金转出，再将上述资金设法转入发行人客户，最终以销售交易的方式将资金转回。

（2）发行人或关联方与其客户或供应商以私下利益交换等方法进行恶意串通以实现收入、盈利的虚假增长。如直销模式下，与客户串通，通过期末集中发货提前确认收入，或放宽信用政策，以更长的信用周期换取收入增加。经销或加盟商模式下，加大经销商或加盟商铺货数量，提前确认收入等。

（3）关联方或其他利益相关方代发行人支付成本、费用或者采用无偿或不公允的交易价格向发行人提供经济资源。

（4）保荐机构及其关联方、PE 投资机构及其关联方、PE 投资机构的股东或实际控制人控制或投资的其他企业在申报期内最后一年与发行人发生大额交易，从而导致发行人在申报期内最后一年收入、利润出现较大幅度增长。

（5）利用体外资金支付货款，少计原材料采购数量及金额，虚减当期成本，虚构利润。

（6）采用技术手段或其他方法指使关联方或其他法人、自然人冒充互联网或移动互联网客户与发行人（即互联网或移动互联网服务企业）进行交易，以实现收入、盈利的虚假增长等。

（7）将本应计入当期成本、费用的支出混入存货、在建工程等资产项目的归集和分配过程，以达到少计当期成本费用的目的。

（8）压低员工薪金，阶段性降低人工成本，粉饰业绩。

（9）推迟正常经营管理所需费用开支，通过延迟成本费用发生期间，增加利润，粉饰报表。

（10）期末对欠款坏账、存货跌价等资产减值可能估计不足。

（11）推迟在建工程转固时间或外购固定资产达到预定使用状态时间等，延迟固定资产开始计提折旧时间。

第二节　财报被操纵的痕迹

上市公司操纵财报的主要目的是美化利润表，次要目的是美化经营活动现金流。根据“资产 = 负债 + 所有者权益 + 收入 - 费用”的会计恒等式，美化收入和费用带来的所有者权益变动，最终必须通过调整资产和负债科目来体现。俗话说，雁过留声，这些操纵与调整必然会留下痕迹，利润表和现金流量表上会有，而更多的痕迹则会留在资产负债表上。

利润表常见操纵痕迹

营业收入

收入是利润的源头，虚构收入是上市公司造假的主要方式。

首先，虚构收入是为了虚增利润，所以上市公司一般首先会选择高毛利的业务收入来做。原因简单，无论财报操纵或者造假，都是个系统工程，涉及环节不少，可不是账目上写个数字就能搞定的。一笔高毛利造假则可以抵很多笔低毛利造假，这不仅减少了工作量，也降低了被发现的概率。正因为此，操纵者给阅读者留下了一个线索：故意增加高毛利产品的销售收入，会扭曲公司正常产品销售结构，显著改变公司当期毛利率。

毛利率的提升，除了上面这个原因以外，还可能因销售单价提升，或者原材料成本下降所致。售价提升需要投资者靠观察市场状况证实或证伪，原材料成本下降，则需对比同行竞争对手财报。

因此，当我们发现上市公司毛利率显著高于同行，且同比出现大幅波动的时候，我们需要首先观察是否是后两种情况。如果不是，很可能就存在公司操纵财报的情况。

其次，要虚构收入，还需要有交易对手。关注临时出现的交易对手，也可能发现疑点。如公司销售以往没有生产或没有经销过的产品；与某个以往财报中不存在的大客户进行交易，且交易金额不小，交易方式显示双方具有一定的信任度，或者交易的东西对于该名客户而言，不具有合理用途，又或者交易价格明显偏离正常市场价格等。还记得上节谈到那家擅长半真半假的上市公司 X 吗？公司把造假额度平摊到一众真实客户头上，背后必然是有高手指点，实在让人“佩服”。

最后，有些细节容易被报表操纵者忽略，也可能暴露狐狸尾巴。例如，运费或装卸费增长比例若显著低于销售收入增长比例，就可能预示某些收入需要怀疑。再比如公司出口收入与海关费用之间变化趋势为反向变动。这类思路，朋友们可以自己拓展，根据自己关注公司产品的特点，思索一下产品销售会经过的环节，同步会产生哪些费用，然后观察它们和营业收入之间的关系，慢慢地，你就会积累出自己的秘密武器。

其他业务收入和营业外收入

其他业务收入，指营业收入中除了主营业务收入以外的收入。参看贵州茅台2013年财报第80页的第一张表。

从财务角度看，操纵其他业务收入比操纵主营业务收入更方便、更隐蔽，因为在财报中对于主营业务收入披露的要求很详细，而其他业务收入的披露则常常可以很简单。许多上市公司玩弄文字游戏，把某些模糊的业务在“主营业务”和“其他业务”之间随意划转，甚至可能把一笔收入同时记录进主营业务收入和其他业务收入中去。

作为投资者，报表不披露的其他业务收入明细，我们很难进一步知道其内容或真假。但如果公司其他业务收入在营业收入中的占比突然发生很大提升，又无法找到令人信服的解释，投资者就需要怀疑财报操纵甚至造假的可能。

同样的道理，如果公司的利润主要来自偶然的营业外收入，也是令人担心的。如果多年都发生这种“偶然”，可能就存在财报操纵甚至造假的可能。

销售费用和管理费用

销售费用和管理费用（以下简称“销管费用”）通常应该和营业收入同向变动，并在营业收入变化不大的情况下，保持比例的相对稳定。这个比例，一般可以和竞争对手对比。如果销管费用占营业收入的比例在某年发生了同比的大幅降低，且显著低于竞争对手的水平，投资者就需要考虑是否存在财报操纵的可能。

营业外支出和一次性费用

好公司的财务数据通常都很容易理解。而意图隐藏问题的公司，可能会经常创造一些让人不知所云的费用科目，用以藏匿不想被投资者追究的支出。如一些各类“其他××”科目，或者一些“重组”“资产清理”“商誉清理”支出。一般来说，财报上出现金额较大的“其他××”，或者一些很少见过的科目名称，都是值得投资者警惕的信号。

资产减值损失

如果资产减值损失同比大增，同时发现如果按照上年同期的资产减值损失水平算，利润同比波动并不大。那么，可能需要考虑企业在“洗大澡”，存在故意做低盈利基数的可能。

同样，如果资产负债表上的固定资产、存货、应收账款、金融资产等大幅计提，乃至价值归零，也要考虑“洗大澡”的可能。

现金流量表

企业操纵现金流量表受制于银行现金余额，操纵成本相对较高。对现金流的操纵，主要目标是美化经营活动现金流量，常见可能会显露痕迹的地方有：

经营活动现金流量净额

当我们发现上市公司经营活动现金流净额持续优于同行，同时投资活动现金净额持续为大额负数时，需要考虑是否存在投资活动现金流出转换为经营活动现金流入的可能。另外，经营活动现金流量净额持续多年为负，往往是提示财报其他地方存在操纵或造假的信号。

收到其他与经营活动有关的现金

这个科目通常金额应该偏小，如果金额突然增大，而附注里又没有令人信服的解释，需要考虑是否有关联企业或利益相关人士打款进来，帮助企业美化经营活动现金流入。

投资活动现金流出

一般来说，上市公司的资本支出都不是临时起意，而是在年初就经过董事会商定，且通过财务预算方案的形式提交年度股东大会讨论过的。[1] 因此，如果企业年终财报中，投资活动现金流出金额超过年初预算很多，很可能存在临时救急——将投资活动现金流出化妆成经营活动现金流入，虚增营业收入或美化经营活动现金流。

筹资活动现金流中的利息支出

该项支出对应资产负债表的有息负债看，如果公司借债的利率比较高，很可能公司有某方面不为人知的问题，导致借债利率偏高。如果公司高息借来债务，却只是闲在银行，存款或理财的收益明显低于借债利率，这也是明显的报警信号。又或者财报显示公司本身的货币资金非常充足，却又在高息借债，造假或操纵财报的可能性就非常大了。

资产负债表

应收账款

应收账款大幅增长，且增幅超过同期收入增幅；或应收账款周转率低于同行水平，且呈明显下降趋势，均可能预示财报操纵。既可能是公司临时放宽了信用政策，促进短期收入增加，也可能是公司提前确认收入甚至虚构收入。

其他应收款

应收账款主要指赊销产生的款项，而其他应收款是指与销售无关的一些往来款，可能是委托理财，可能是借款，也可能是使用某种资产或权利的款项等。

与销售无关，却要调动资金往来，本来就是一件存疑的事情，当

---

① 读者可以用本书开始介绍的下载财报的方法，在交易所或巨潮网输入“股东大会会议资料”，其中有《公司20××年度财务预算方案》。

然越少越好了。所以在资产负债表的经营资产章节，老唐就曾说过，优秀上市公司有个特点，就是其他应收款和其他应付款科目，数额极小，甚至为零。

相比应收账款而言，其他应收款更容易被操纵。毕竟应收账款与销售相关，还需要发票、仓单、运输等一系列单据，造假需要考虑的因素多，也容易暴露。而其他应收款不存在这些问题，而且在价格设定方面，操作空间也比较大。其他应收款数额较大，即便不是财务操纵的结果，也可能显示着上市公司资金被控股股东或其他关联人占用。所以，这个科目大的公司，投资者就先把它当作坏人对待吧。

预付账款

预付账款大幅增加，尤其是预付工程款或预付专利或非专利技术的采购款大幅增加，可能存在通过预付款流出资金，最终以营业收入流回，虚增利润的情况。同时，预付账款挂账时间长，也是财报操纵的重要痕迹。超过一年的预付款，几乎可以肯定有问题。金钱是有时间价值的，现实生活中，很少会有商人在不急需提货的情况下，提前很久支付预付款的。

应付账款和应付票据

应付账款和应付票据，通常是公司经营活动中需要付给上游供货商的款项。这两个科目数额大增，要么说明公司在整个商业链条上地位大增，对供应商变得更加强势了；要么说明公司资金链出现问题了，开始拖欠供应商货款了。具体是什么，需要投资者结合对公司和市场的了解去判断。

存货

存货，尤其是数量和价值不易确定的存货大幅增长，且增长幅度超过同期营业成本的增长；或者存货周转率低于同行水平，并呈现下降趋势，就可能是在提示存在财报操纵。

这种情况，既可能是虚构存货采购流出资金，最终化妆成销售收入返回来；也可能是单纯加大生产，利用更多产品平摊固定成本，降低本期销售产品的成本，虚增利润；还可能是存货积压，却不计提存货跌价准备，从而虚增本期利润。

如果存货周转率明显下降，却同时伴生着毛利率的显著上升，投资者基本可以按照造假对待了。存货周转率的下降，证明公司产品滞销，公司不采取措施，会因存货占用资金时间加长提高成本。公司若采用降价或者增加销售费用的措施促进销售，会导致公司营收下降或费用上升。这几种情况，毛利率都应该下降才对。因此，存货周转率明显下降和毛利率上升搭配，是一个很明显的警示信号。

在建工程

在建工程因其总值高、进度和造价难以准确界定的特点，成为财报操纵者的挚爱。在建工程大幅增加，尤其是和生产经营规模和发展规划不相适应地大幅增加，提示公司可能通过在建工程的采购将资金转出，并最终以销售收入的面目回来，虚增利润；也可能将本应当期从利润表里扣除的费用，打进了在建工程的成本里，从而虚减费用，增加利润。

对于在建工程的规模和价值，普通投资者可能很难界定。但还有一个角度可以帮助我们很容易判断：从公司募集资金开始看，当初承诺的项目，有没有在预定时间内从在建工程转为固定资产？有没有如期产生效益？

如果迟迟不转固定资产，其中肯定有鬼。可能是在建工程本身是虚构的，也可能项目已经完工，只是为了避免计提折旧影响利润表，就坚持以在建工程身份存在。

如果工程不断地追加资金，可能也有鬼。即便是正常追加，至少也说明公司管理层规划项目时，或者专业水平不够，或者太过乐观。

如果在建工程刚刚转为固定资产不久，又需要大修或者技改，通常也是提醒投资者注意的信号。

长期待摊费用

长期待摊费用大增，通常是公司不恰当地使用费用资本化手段的信号。

无形资产和商誉

无形资产的采购，尤其是专利或非专利技术的采购，是向外转移资金的一种常见手段。这个科目如果数额较大，就需要投资者确认，该技术是否与公司生产经营紧密相关（这要求投资者要真的理解这个行业），如果不是，则可能是公司操纵财报的手段。

由于商誉年年进行减值测试而无须摊销的特点，很受企业并购爱好者的青睐。商誉减值测试具有很大的随意性。收购方通常喜欢压低收购中可辨认资产的价值，做高商誉的价值。这样，就可以减少资产折旧，帮助公司少产生折旧费用，增加利润。若是真正需要降低利润的时候，又可以按需减值，可谓进可攻退可守。因此，如果公司经常进行收购活动，并常常产生大额商誉，投资者有必要尝试将商誉还原成资产，并按照资产折旧的规则，重新考虑公司价值。

另外，做高收购中商誉的价值，还可能是和卖家合作，通过这个渠道，将上市公司投资活动现金流出转化为经营活动现金流入。

应付职工薪酬

通过应付职工薪酬的预提，尤其是年终奖金、效益奖金等非固定工资的预提来平滑利润，也是上市公司操纵财报的常见方法。体现在财报上，除了应付职工薪酬的余额波动大以外，递延所得税资产数额增加也很大（税务局不认可这笔职工薪酬）。这两种情况，预示公司存在用应付职工薪酬调节年度间利润的情况。

坏账准备

坏账准备计提比例显著低于同行业竞争对手，是明显的财报操纵信号。另外，有些公司不考虑账龄因素，甚至不公布账龄结构，只是统一按照某固定比例，对所有应收账款和其他应收款提取坏账准备，也是足以令人疑心的信号。投资者尤其需要注意，如果恰好知道了其中某个欠款单位已经明显不可能归还欠款（如破产了，或虽没破产，却已严重资不抵债了），但上市公司仍然没有将该笔应收账款 100% 减值，就需要怀疑该公司所有的应收账款，可能在坏账准备计提方面，都存在问题。

财报以外的信号

除了财报上的这些信号，还有些财报以外的信号，也能帮助我们识别那些危险的公司。常见的警惕信号有：上市公司无法按时发布财报；更换甚至再次更换会计师事务所；独立董事集体辞职；大股东持续大量减持公司股票；财务总监更换频繁；主要供应商或销售商可疑（执照没有年审、注册地在居民楼、虚假注册地、税务资料缺失等）；上市公司经常跨行业玩收购，且主要依赖发行股票支付收购款等。

大致来说，以上要点和技巧，应该能够过滤掉大部分问题企业。如果再加上你对公司的商业模式及行业地位比较熟悉的话，骗子想骗你，就不是一件容易的事儿。资本市场里，欺诈和反欺诈是永恒的话题。老唐请大家牢记“事反必妖”，无论是突然出奇得好，或者突然出奇得坏，都需要我们去探索背后的解释。如果没有可靠的解释，就必须从收入、费用以及现金流等角度，考虑是否存在欺诈的可能。如此，我们才能在市场里长久地避开陷阱。

后　记

终于写完了。

从2014年8月17日下午，老唐宣称要写《手把手教你读财报》系列文章起，已经有64天了；由此上溯到7月13日本系列第一篇文章《财报阅读快速入门》发出，已经有99天了。

这64天里，有时下笔如神助，一口气熬到半夜三四点，写出七八千字；有时候，数日徘徊，写了删、删了写，毫无进展。还好，总算写完了，并且写得还算满意。

套用亚伯拉罕·林肯的名言："of the People, by the People, for the People"，老唐这本书，可以说是"of the Xueqiu, by the Xueqiu, for the Xueqiu"。它的内容，受益于雪球上良师益友们的分享；它的诞生，离不开"球友"们热情洋溢的鼓励；它的目标，是为了帮助"球友"们读懂上市公司财报。

感谢雪球这个平台，感谢在财务方面给予老唐指导的师友们，包括但不限于@云里雾里瞎折腾、@麦麦忠粉、@brandon_ cheng、@漠之鹰、@岁寒知松柏、@熊市中那头懵懂的牛、@陈欣、@石头1691、@那一水的鱼、@每天一个新发现、@慧仁……认识你们并有机会向你们学习，是老唐的荣幸。

感谢@小小辛巴兄拨冗作序。辛巴兄不仅拥有一套完整的、可复制的投资体系，更具有无私的分享精神、悠然淡定的文字风格，是雪球关注度排名第一的知名投资者。辛巴兄在序言中高度强调了投资者的独立精神、证伪原则，这也是老唐所坚守的准则。

感谢雪球创始人方三文先生、i美股资产管理有限公司创始人梁剑先生，以及@唐史主任司马迁、@草帽路飞两位兄台对本书的推荐。谢谢你们。

感谢夫人小琴和儿子天晨，如果不是你们近似怂恿的鼓励，老唐绝不够胆给自己挖这么大一个坑。

感谢跟读老唐文章并不断鼓励老唐写下去的网友们。正是你们明显善意而夸张的表扬，激励着老唐将双手放在键盘上，敲出一篇又一篇的文章来。感谢你们！没有你们的鼓励，7月13日的那3000字，不会变成今天的十几万字。

还要特别感谢本书的责任编辑燕丽丽博士。与燕博士接触之始，即被她的专业水准和敬业精神所打动。在写作过程中，又受益于她的鼓励，以及从编辑角度和读者角度提出的很多有价值的建议。谢谢燕博士。

这本书，老唐自认是倾注了心血。自从2006年底不再工作以后，老唐从没有如此努力地做过一件事，也没有如此集中地熬过夜。

这本书，老唐自认是新颖的、有贡献的。作为一名非财会专业的投资者，老唐前后大约读过超过30本财会书籍。这些书籍总体来说，要么过于简单，一般喜欢用一个面包店或者糖果店成立和经营的过程，来描述财报的编制过程；要么过于技术，重点谈如何进行财务数据分析，如何从财报中挖掘牛股。对于老唐这种喜欢刨根问底的投资者来说，前者不足以帮助我理解上市公司财报，后者则是没有根基的高楼。

这本书将上市公司财报的每一个角落都打上灯光，不留死角。让读者知道这是什么，那是什么，对企业有何作用，对财务数据会产生什么影响，哪里是陷阱高发地，什么科目变化预示存在陷阱。换个位置，站在读者的角度，老唐觉得这些内容是投资者最想知道的。

由于老唐水平有限，本书没有涉及保险业和银行业等复杂行业特有的一些科目。即便如此，书中肯定还有某些老唐不自知的知识性错误，若您阅读时发现了，还请见谅并赐教。老唐在这里先说声谢谢。

财报阅读只是投资者理解公司的起点，这是老唐在本书中反复强调的观点。我们可以通过财报排除问题企业，绕过陷阱；我们可以通过财务指标的对比，发现一些可能具有核心竞争力的企业；但我们不能仅仅依赖财报数据做出投资决定。

认识企业的盈利模式，跟踪企业的生产经营，这些活动的重要性丝毫不亚于阅读财报，同时那也是阅读财报的目的之一。反过来，认识了企业的盈利模式，熟悉了企业的生产经营，又可以帮助我们更好地理解财报。

从投资者的角度说，老唐认为在一个或有限的几个领域里，取得相对于其他投资者的比较优势，是长期稳定获利的基础。投资者的关注面可以窄，但必须深。我们有幸生活在互联网时代，有太多的手段帮助我们关注企业的经营活动和最新动向。

除了财报和企业在交易所披露的信息以外，关注该企业的网站、网店、自己发行的电子出版物，关注该行业的知名网站、行业协会的网站及行业数据披露、竞争对手的网站和出版物，关注公司管理层的微博、博客，关注行业领袖的微博、博客，关注行业主要媒体的微博、公众号、网站，关注行业知名评论人士的微博、微信、博客、公开发表的文章，关注该股票知名投资者的微博、微信、博客，甚至还可以用百度新闻关键词订阅的形式，让机器自动将相关新闻及时投递至邮箱……这些方法都能够帮助投资者及时感知企业和行业的动态。

别着急，人生只需要富一次。世界投资大师彼得·林奇在一次重要的演讲中这样结尾："投资真的很简单：你只需要找到一些你掌握很多信息并且能理解的公司，然后和这些公司绑在一起就行了。就是这样。"

就是这样。

祝您早日实现财务自由，实现自己心中的梦！谢谢您！

唐朝

2014 年 10 月 19 日于成都

雪球投资经典　和聪明的投资者一起学习投资

手把手教你读财报

唐朝　著

财报是用来排除企业的。

以一份真实的财报为案例，告诉你如何探知财报背后的企业秘密。

低风险投资之路 2

徐大为　刘　颖　著

投资不是生活的全部。

通过投资实现财务自由，享受生活才是重点。

穿过迷雾:巴菲特投资与经营思想之我见

任俊杰　著

系统归类整理巴菲特的投资与经营思想，投资者、经营者、企业主，都将从中获益。

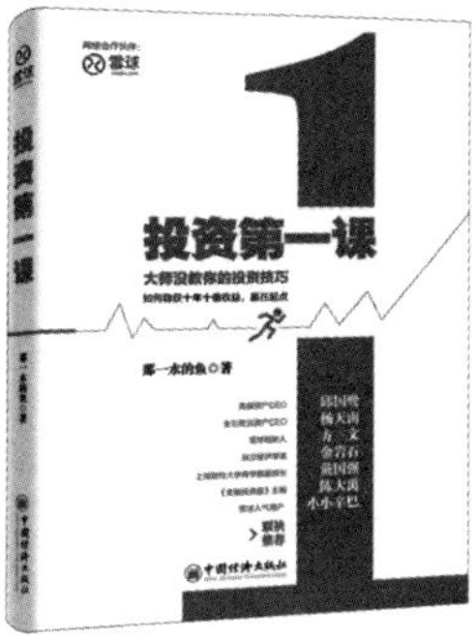

投资第一课

那一水的鱼　著

大师没教你的投资技巧，投资必读“防雷”指南。

告诉你如何稳获十年十倍收益，赢在起点。

理财不用懂太多

那一水的鱼　著

你的一个决定，等于人生一半的努力！

富在思维，对穷忙说NO！

读懂银行股

那一水的鱼　著

价值投资无法忽视的领域！

详解银行股背后的投资逻辑。

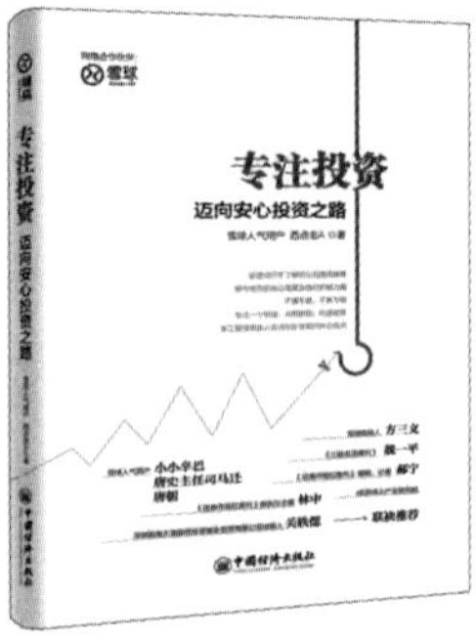

专注投资：迈向安心投资之路

西点老A　著

投资自己不了解的公司就是赌博。

股市生存的核心是建立自己的能力圈，不懂不做，不熟不做。

投资的本源：稳健均衡投资策略

宋　军　著

优质公司的股权是世界上最好的投资品种。

我们的目标是找到它们，用合理的价格买入，并长期持有。

超越专业投资：

一位业余投资者的股市获利之道

臧 蔚 著

以“专业化”对抗“情绪化”，详解套利、动态再平衡和配对等专业手段。

分享获取长期 30% 年化收益率的方法。

手把手教你读财报 2：

18 节课看透银行业

唐朝 著

一学就会的银行股财报阅读指南。

将银行股纳入能力圈的绝佳助手。

格雷厄姆之道：

如何在中国实践价值投资

姜开舰（Passion 启航） 著

轻松版的《证券分析》。

结合中国投资市场实践，易懂易学。

九位投资大师联手教你格雷厄姆式价值投资。

港股滚雪球：

交易策略、风险应对与案例解析

杨饭 著

不同的市场，不同的风险，不同的风格。

洞察港股市场特色，规避风险，建立正确的交易理念。

十年十倍

散户也可以学习的量化投资方法

金伟民 （@持有封基） 著

没有天才的数学头脑和“高大上”的投资工具不用怕。

借助 Excel 以及互联网量化投资平台，“小散”也能轻松做量化。

跟巴菲特学习仓位管理

被忽视的成功投资秘籍

庞浩 （@三言九鼎） 著

不要让关于“股神”的种种流言蜚语误导了你的投资。

寻找巴菲特成功背后的真相，做一名合格的价值投资者 。